语文有效探究
教学的探索与研究

何永国◎著

光明日报出版社

图书在版编目（CIP）数据

语文有效探究教学的探索与研究／何永国著 . --北京：光明日报出版社，2019. 11
ISBN 978-7-5194-4991-9

Ⅰ. ①语… Ⅱ. ①何… Ⅲ. ①中学语文课—教学研究 Ⅳ. ①G633. 302

中国版本图书馆 CIP 数据核字（2019）第 244013 号

语文有效探究教学的探索与研究

YUWEN YOUXIAO TANJIU JIAOXUE DE TANSUO YU YANJIU

著　　者：何永国

责任编辑：李壬杰　　　　　　　　　封面设计：人文在线
责任校对：王阿林　　　　　　　　　责任印制：曹　净

出版发行：光明日报出版社
地　　址：北京市西城区永安路 106 号，100050
电　　话：010-63139890（咨询），010-63131930（邮购）
传　　真：010-63131930
网　　址：http://book.gmw.cn
E－mail：gmcbs@ gmw. cn　Lirenjie111@ 126. com
法律顾问：北京德恒律师事务所龚柳方律师

印　　刷：天津雅泽印刷有限公司
装　　订：天津雅泽印刷有限公司
本书如有破损、缺页、装订错误，请与本社联系调换，电话：63131930

开　　本：170mm×240mm
字　　数：184 千字　　　　　　　　印　　张：14.25
版　　次：2019 年 11 月第 1 版　　　印　　次：2019 年 11 月第 1 次印刷
书　　号：ISBN 978-7-5194-4991-9

定　　价：58.00 元

目　录

‖ 第一章 ‖
对当前语文课堂教学改革现状的反思

一、语文教学改革的现状不容乐观

新课改已经十多年了，新课改的效果究竟如何？新课改给课堂教学究竟带来了多大的变化？给教师和学生又带来了多大的变化？这是我们新课改首先要思考的问题。

尽管从上到下，从课堂实践到各种刊物发表的文章，大家都在谈论课改；尽管我们有那么多所谓的课堂教学改革，有那么多的课题研究，有那么多的所谓的公开课、范本课。从应试教育到素质教育再到生本教育，一直到核心素养，从有效教学到高效课堂以至于有些地方提出高效教育，等等。基础教育的改革可以说一波接着一波，一浪高过一浪，热闹非凡。但是，如果你走进我们的课堂，审视课堂教学现状，就会发现，当前我们的课改还处于"乱花渐欲迷人眼，浅草才能没马蹄"的境地。我们的课堂教学结构并没有发生实质性的变化。那种教师设计好课堂教学过程，设计好问题，设计好要教授的内容，然后在课堂教学过程中千方百计去实施的老一套的教学方法并没有发生根本变化。我们的课堂教学的评价也是以教师在课堂教学过程中的讲授效果为主，我们并没有从根本上建立起以学生的学为主的课堂教学模式。可以说，我们还在原有的框架内思考问题，我们根本没有跳出原有的课堂教学模式来思考我们的教学。

新华社瞭望周刊最新一期访谈《温儒敏：在课程改革中"守正创新"》一文中对此有十分中肯的评价："十多年的课改是有成就的，起码一些新的教育观念普及了，比如素质教育观念，极少有人反对。但能否落实则是另外一个问题。面对应试教育这个巨大的存在，面对国情，十多年课程改革的成就恐怕不能高估。只能说是在小步推进，未曾停留，现在还是在改革的路上跋涉。"他认为"中国的教育发展迅猛，但发展永远跟不上人们的需求，加上社会竞争加剧，存在普遍的焦虑，这些矛盾和焦虑必然投射到教育领域。现在老师压力很大，既要学生考得好，又要避免其思维僵化，两者之间需要平衡"。应该说温儒敏教授的这种认识是符合客观实际的，他对当前课改的把脉也是准确的。

那么，为什么会造成这种局面？束缚我们课改的最大障碍是什么呢？有人认为是课改的条件不成熟，课改过于理想；有人认为课改全盘照搬西方，水土不服；还有人归咎于课改是一次自上而下的运动，脱离现实，与实际不符。反对课改的可以罗列出一大堆理由。无论怎么说，这种怀疑恰好证明了课改所遭受到的是前所未有的挑战。

课改是不是过于理想？其实，课改有其现实土壤的。随着社会的发展，传统的那种以知识传授为主的课堂教学越来越不能适应社会的发展需要，也不能满足社会对人才的需要。改变单纯以知识学习为目的的课堂教学就势在必行。课改不是理想化的产物，而是时代对教育的要求，也是教育对时代的回应。我们只有顺应新时代的要求，培养具有创新意识、具有终身学习能力的人才，才能不辱教育使命。

二、课改是对传统课堂教学结构的一种颠覆

既然课改是时代的要求，历史的必然。那么我们就应该大胆革新，进行创造性地教学。我们就要转变教育教学观念，从传统课堂教学的模式中跳出来思考我们的教学改革，用全新的理念、全新的眼光来审视我们的课堂教学改革，摒弃传统课堂那种以教师的教为主的教学模式，探索以学生的学为主的教育教学模式。

我们知道，学生永远都是学习的主体，教育教学就是为学生的学习服务的，学生的学习是否发生了？学生在课堂教学中思维是否被激活了？课堂教学的生成是否在学生那里得到落实了？等等，都是我们教师考量的问题。新课改把合作探究教学作为课改的重点，我们的学生是否在课堂教学中进行了真正意义上的合作探究学习？是哪些因素制约着新课改的实施与推行？所有这一切都需要我们进一步深入研究。

纵观我们的课堂教学，我们发现，束缚我们课堂教学改革手脚的最大的障碍不是别的，就是我们传统课堂教学的结构，就是以教师的教学预设为主的教学模式。这种教学模式不但严重地束缚了教师的手脚，而且在很大程度上造成了教师独霸课堂教学的局面。这种课堂教学结构不改变，课堂教学就不会发生真正意义上的革命性的变化，新课改的推行也就是一句空话。

对课堂教学结构进行改变，就需要我们对当前的课堂教学进行革命性的变革，而不是在原有课堂教学结构范围内的修补。可以说，课改是对传统课堂教学的一次颠覆与革命。从课改的理念来说，新课改是以全新的教学理念来进行的课堂教学改革。建构主义、人本主义、后现代主义的理论等作为课堂教学改革的理论基础，与传统课堂教学格格不入。以学生为本还是以教师为本是区别传统课堂教学与新课改

的分水岭。课改提出的自主、合作、探究性地学习的根本也是以学生学习为本。没有学生的学，也就没有真正意义上的合作探究。可以说，我们在教学过程中是否真正发挥了学生的主体作用，我们的课堂教学是否真正转变到以学生的学为主体的教学中来，是检验课改是否真正进行的试金石。

但是，就目前来看，我们课堂教学改革没有从根本上解决这个问题。我们的教学实践还没有真正探索到一条有效发挥学生主体作用的方法，还没有真正处理好课堂教学中学生的学与教师的教之间的关系。教师的教还占有很大的比例，还有很大的市场。

审视当前课堂教学改革，审视许多所谓的合作探究课堂教学，许多合作学习还是以教师的教为主的合作学习，是以解决教师的问题为主的合作学习，是形式化的合作学习。我们知道，合作学习的重要前提是学生要有合作的东西，要建立在学生对文本的充分自主认识的基础之上，有这个基础和没有这个基础，合作学习的效果是不一样的。就探究教学来说，探究是一种主体的活动，探究源于问题，问题源于困惑，困惑源于学生的自主学习、自主阅读，以及学生在自主阅读过程中对文本的思考。而现实是我们的学生很少有充分自主学习的时间，很少有自主学习的意识，学生在自主学习的过程中也很少有提出问题的意识和能力。这种意识和能力的缺乏是学生主体意识缺乏的明证。改革课堂首先就是要改革教师对课堂的霸权，把课堂真正还给学生，让学生有更多的自由、更多的时间来建构文本意义；让学生有更多的时间把他们获得的认识感受拿来与同学进行交流学习，取长补短，相互促进，共同提高。

对师生来说文本是开放的，每一个学生都可以根据自己的阅读经验、生活体验和生命体验对文本做出具有个性色彩的解读。有些解读可能不是太符合我们教师的预设。但是，我们不能因此而否定学生的认识，不能强行让学生放弃他们自己的解读，接受教师的解读。合作学习中学生必然要有自己的认识，有自己建构起来的对文本的认识，这种认识带有学生的个性特征。合作学习必然会有思想与思想的碰撞，观点与观点的交锋。合作学习的课堂必然是每个学生带着思想走进课堂，而不是带着耳朵倾听别人。合作探究学习中学生既有对自我的认同，也有需要认同他人的勇气和自信。合作学习中学会倾听是一个方面，学会争论是更为重要的一个方面。合作探究教学课堂可以是安静的，安静是为了让学生沉潜下来，与文本对话，与作者对话。安静是为了让学生与文本之间产生心灵的默契。合作探究的课堂也可以是喧闹的，喧闹不是热闹，而是思想交锋与碰撞，是自然地碰撞出来的思想的火花。

就目前来说，真正意义上的合作探究学习在我们的教学中并没有广泛推广开来，真正凸显学生主体地位，发挥学生主体作用的合作探究学习并不多。就目前来说，语文教学争论最多，主张最多，流派最多。大家都对当前的课堂教学做出了自己的判断，提出了自己的看法，提出了自己的理论主张。这些理论主张都是从自己的教学实践出发，对语文课堂教学所做的探索，这些理论主张与实践探索，从不同方面不同角度对语文教学进行了阐释。比如李华平的正道语文，黄厚江的本色语文，王君的青春语文，或者是韩军的新语文等。

前一段时间，有关韩军老师《背影》的教学引起语文教育界的广泛争论。争论的焦点在韩军老师对《背影》的解读。支持者则认为韩军的解读可以从文本中得到。反对者则认为韩军老师的解读是过度解读，是脱离实际的解读。我们且不论争论者谁对谁错。我只想问的是学生从《背影》中能解读出什么？学生究竟能不能从中解读出教师解读出的"生文背，死之影"这样带有哲理思考的主旨？没有人能够回答。如果我们教师解读出什么就要给学生灌输什么，就要强行引导学生接受什么，那么，我们的教学还是以学生为本的教学吗？无论我们对文本解读得多么深刻独到，对于学生都是隔靴搔痒，学生很难从教师的解读中获得相似的体验和感受。我们认为韩军老师的问题不在于对教材的解读，而在于强行让学生接受自己的解读结果。

纵观当前语文教育研究现状，我们发现，这样的现象不是个例，而是充斥在我们语文教学的各个角落，主导着我们语文教学的方向。无论是我们课堂教学的评价还是我们课堂教学实践，都是在教师解读文本这个范围内进行，很少有从学生解读的角度来进行教学的。

新课改以来，尽管我们教师的教学观念在一定程度上发生了变化，但是，在教学实践中却还是依然故我。就我们语文教学研究来说，我们当前语文课堂教学争论聚焦在课程的性质是什么？语文教学的内容如何确定？语文教学的目标是什么？是学习祖国的语言和文字吗？那又通过什么方式来学习？语文知识究竟对形成语文能力有多大的作用？目前我们的语文教材的编排上存在什么问题等诸多问题上，我们忽略了语文知识、语言能力通过什么途径、什么方式方法来培养。我们没有对学生的学进行研究，没有对发挥学生主体作用的方式方法进行深入地研究，我们没有把目光聚焦在学生身上。谁都知道学生是我们教学的出发点，也是我们教学的归宿。但在教学实践中我们只想着如何让学生接受，却没有想到如何让学生自己去发现。如此，我们的课改不能推进，我们的教学原地踏步也就在所难免了。可以说，如果我们的教学研究只从教的角度来考量，而不从学生自主学习的角度来研究，那么，我们的研究就会失去一半价值。

三、以学定教，转变从教学设计出发的教学思路

合作探究学习是一种独立的教学模式，是自成体系的教学方法。将合作探究教学纳入到传统课堂教学中，发挥不出合作探究教学的作用。

就语文课程教学改革来说，自主、合作探究学习是课改的方向。真正意义上的合作探究教学是与传统课堂教学相冲突的。这两种教学是两种不同理念的教学方式。许多教师并没有认识清楚这一点。他们将合作探究教学纳入到传统课堂教学过程之中，结果使合作学习流于形式。

自主、合作、探究是一种对传统观念的颠覆与革命，并不是对传统课堂教学的一种修补。自主、合作探究必然会带来课堂教学结构的巨大变化，带来教师教学行为的巨大变化。自主合作探究必然要求我们从教师的教转变到学生的学，必然要求我们关注学生的学习，研究学生的学习，打破固有的教学观念，将课堂真正变成学堂。

我们知道，教师设计教学过程，然后根据设计的教学过程进行施教，这是一般的课堂教学模式。这种模式束缚着学生的手脚，束缚着教师的手脚。不抛弃这种以教师的教学设计为主体的课堂教学，不打破课堂教学原有的框架，就很难有真正意义上的合作探究教学。合作探究教学呼唤我们教师必须要转变思维方式，换一种思维来进行教学改革。以学生为本，我们就必须从学生学的角度来进行教学，建构以学生的学习为主的教学，就必须要打破固有的课堂教学结构。

因此，课堂教学改革的根本是课堂教学结构的改变，是从教师的教学设计转变到学生学习的转变，是从教师设计教学过程到由学生的学习来确定教学过程、确定学习方式和方法的转变。没有对传统课堂颠覆式的革命，我们的课堂教学永远也走不出传统课堂的阴影，走不出教师霸权课堂的阴影。

从这个角度来看，制约我们课堂教学结构改革的是教学设计与教案。教学设计与教案都是一种设计好的方案，这些方案更多的是从教师方面进行的教学设计。教什么，不教什么，都是教师确定好的。学生只有接受的份儿。而教什么和不教什么，是我们教师解读文本的结果，有些可能是专家学者解读的结果，这样的结果是否符合学生的思想实际和认识实际，学生是否能够真正心领神会，也就不得而知了。

这样的结果就是教师教的知识和学生的需要发生错位，学生学得无趣无味，教师教得吃力费劲。

的确，教师需要备课，但是这种备课是对文本的研究，对学生的研究，而不是对教学过程的精细设计。课堂是一个动态生成的过程，应该随着学情的变化而变化。课堂教学过程的节奏，课堂教学过程的调控都是以学生的学习来确定，而不是教师的主观设计。以学定教，根据学生学习来确定课堂教学过程，确定课堂教学节奏。

四、学生的自主阅读是合作探究的前提

合作探究教学是发挥每个人的作用，形成一加一大于二的效果。合作探究教学的前提应该是自主学习，自主学习是合作探究教学的前提条件。学生没有经过自主学习，没有在合作探究教学前充分地思考认识，合作探究也就是一句空话。课堂教学改革把合作探究作为重要方式，要真正落实合作探究教学，就必须把自主学习放在第一位。合作探究教学是交流基础上的探究学习活动，交流必须有需要交流的东西，这些东西哪里来，就是从学生的自主学习中来。只有有了交流的需要，有了交流的东西，合作探究才能真正发生。

作为语文教学来说，语文学习特点也决定了语文学习首先从学生阅读开始。

我们知道，任何一个有一定文字基础的人都可以进行阅读，可以说阅读活动是人的一项正常的学习活动。我们没有必要将阅读活动搞得神秘莫测，高不可攀。语文课堂教学过程不能漠视学生的认知的存在，课堂教学应该是从学生的认知出发的一次旅行，而不是从教师的认知出发的一次观光。因此，语文教学中，学生阅读活动真实发生，

学生思维在阅读中被激活，是有效的语文教学的前提条件。

当然，作为教学的阅读活动和作为一般的阅读活动是有区别的。一般的阅读活动不需要理解深层次的东西，只要能从中获取一定的信息、获得一定的审美享受就可以了。他们不需要探究文字背后的微言大义，不需要挖掘文本背后内在的东西。他们对文本的认识纯粹是处于一种不自觉。哪些东西引起他们的注意，哪些东西引起他们的共鸣，这是与他们的生活经历、生命体验有关。而语文教学，是一种教学性阅读，阅读的目的是学习表达、学习语言的使用。因此，语文阅读教学更多关注的是表达、关注的是语言表达方式。语文教学需要理解，理解的目的不仅仅是知道写了什么，而且是知道怎么写的，这样写有什么好处。可以说语文学习是一种由表及里的学习活动。语文探究学习，真正探究的就是用怎样的言表达了怎样的意，揭示的是言与意之间的关系。

一般的情况下，学生都能根据自己的生活经验和生命体验，在阅读中有所感悟与认识。但是，这些感悟和认识还停留在感性层面，需要经过课堂教学过程进行升华，升华的过程就是学生思维开拓的过程。这些感悟和认识就是我们教学的重要资源，充分利用好这些资源，对语文教学来说至关重要。当然语文教学不能停留在这些地方，而应该在此基础上进一步拓展延伸、深化升华。语文教学不是教师走了多远，而是领着学生一起走了多远。语文课堂教学应该建立在学生认识的基础上，而不是建立在教师认识的基础上。教师的认识尽管高于学生，他能够对文本做出高屋建瓴、高瞻远瞩的认识，但是教师不能因此凌驾于学生之上，强行让学生接受自己的认识，教师应该在学生认识的基础上，通过课堂教学尽量将学生的认识拓展，将学生的思维拓宽。作为一种教学活动，教学生学才是教学的根本。教师通过引导，使学生学会学习。学会学习比学习本身更重要。我们不仅仅让学生阅读，更要让学生学会阅读。教师要引导学生由表及里，由浅入深，探究文本深层次的东西，让学生通过课堂教学活动，真正有所收获。阅读如果停留在表面，只是一些零碎的感悟而没有系统的认识。那么，语文教学也就起不到应该有的作用。

我国传统语文教育中有许多好的经验。我国古代非常重视学生的学，他们重视学生的背诵、积累。从《三字经》到《四书》《五经》，大量背诵。让学生先吃进大量的草，然后再反刍。这样的好处是学生能够积累许多的东西，加厚学生的文化底蕴。但是，由于教师不讲授，不点拨，单靠学生的积累，学生获得语文能力将是一个漫长的过程，语文教学的效率不会很高。正如鲁迅所说的学生只是读书，至于写作好在哪里，教师是不讲的，就如一条死胡同。我们不赞成教师无所作为，教师要有所为有所不为。有所不为，就是学生能做的就让学生去做，有所为，就是教师顺着学生的思路，根据学生的学习状况，有针对性地组织学生进行合作交流、深入探究，让学生获得思维上的启发，认识上的提高。

因此，语文教学除了学生自主阅读思考探究以外，还需要教师在学生认识基础上进行进一步引导，促使学生反思自己认识，引导学生探究文本更深层次的东西。课堂教学的意义就在这里。

我们发现，我们看不到学生身上蕴含的巨大的潜能，仅从教师这个角度确定教学内容。结果，学生需要的教师没有讲授，课堂教学中学生真正需要的没有讨论探究。学生不感兴趣的，激发不起学生求知欲望的问题，教师一个接一个抛出来给学生，学生应接不暇。教师的表演是精彩了，但是，学生的思维呢？却没有发动起来。

五、提出问题是有效自主阅读的关键

有效地自主学习是合作探究学习的前提，长期以来，受教师主导课堂的影响，我们的学生一般不会学习，不知道去自主学习，没有自主学习的意识和能力。因此，提高学生自主学习的意识和能力是我们课改的当务之急。我们应该从增强学生的自主学习的意识和能力入手，来提高学生自主学习的效率。那么如何才能提高学生自主学习的意识和能力呢？

　　学源于思，思源于疑。有疑是自主学习有效性的核心和根本。正如美国教育学家杜威所指出的："思维起于岔路的疑难，起于两歧的取舍。如果行动是平顺而毫无困难，如果思维只是聊以自娱的幻想，那便没有反省的必要。只有遇到阻碍和困难，在将信将疑之时，我们才会停顿下来，细细思索。只有停顿在疑难之中，我们才会遐想高瞻，找出观察新事实的立场，从这立场决定事实的关系。"[①]

　　学生在阅读的过程中有没有提出问题以及提出问题的质量都影响着自主学习的效率。长期的师问生答，使得学生失去了积极主动思考文本、探究文本的意识，学生产生了对教师的依赖，等、靠、要的思想严重。学生没有问题，提不出有价值的问题都是因为学生没有在阅读过程中思考文本，探究文本。因此，提出问题是探究文本的第一步，也是关键的一步。

　　发挥学生主体作用，学生阅读真实有效发生，就是让学生在阅读过程中提出问题。许多时候，我们的学生对文本常常满足于似懂非懂的状态。他们一般不会发现一些隐藏在文本背后的东西。他们很少去追问文本为什么要这样写而不那样写，为什么要写这些而不写那些，为什么要这样开头而不那样开头。他们不去追问词语背后的微言大义。因为这些老师都会告诉他们，他们不需要在课堂中去思考。他们所能做的就是思考如何回答老师提出的问题，如何去应付老师的问题。或者他们等待其他同学来回答老师的问题。这样的课堂教学，老

---

　　① 　约翰·杜威.思维的本质［M］.北京：台海出版社，2018：14.

师带领学生走捷径、走快道。老师的问题看起来能够激发学生的思维，激发学生去思考文本，探究文本，但是，由于时间有限，学生对问题的思考常常是蜻蜓点水，既不深入，也不透彻。学生的阅读常常囫囵吞枣，不求甚解。在学生看来文本是再也熟悉不过，语言是明白的，内容是明白的，是理解的。但是恰恰是明白处有许多不明白之处，理解处有许多不理解的地方。自主学习首先就是要激发他们的好奇心，将熟悉的文本陌生化。在看似明白处寻找不明白的地方，在看似理解的地方寻找不理解的地方，在看似没有问题的地方寻找问题。这就需要我们探求文本内在的意蕴，探求文本各部分内在的逻辑联系，探求词语背后的微言大义。把文本提高到一定的认知高度来审视，从而达到激发学生学习积极性、主动性的目的。因此，让他们有意识地去重新审视文本、重新思考文本，在重新审视思考文本的过程中提出一些学生思考过的有价值的问题才变得可能。

从阅读活动来说，让学生在阅读的过程中提出问题，符合语文学习的规律。学生在阅读的过程中一定有他们困惑的东西，或者是字词方面的，或者是知识方面的，或者是一些深层次的内在的东西。如果我们有意识去让学生主动提出问题，那么将会使他们的阅读变得更加投入，也会使他们的思维处于高度紧张状态。提出问题就是要让学生带着提问题的目的来阅读，这种基于提出问题的自主阅读会在很大程度上提高他们阅读中的思维水平，激发他们探究文本的欲望。

从合作学习的特点来看，学生自主阅读文本，自主建构文本的意义是合作学习的前提，也是有效合作学习的前提条件。积极建构文本的意义的前提就是积极地思考文本，探究文本。这就需要学生调动他们的生活经验和生命体验去体验、感受、认识文本。在这个过程中，必然会有许多他们百思不得其解的东西，必然会有许多问题产生，学生的这些问题正是我们教学需要解决的问题。因此，提出问题是激发学生思维的动力之源，也是学生走进文本的第一步。

　　笔者看到这样一篇文章，是丁家慧写的《这堂课上它有何用》。在文章中，他讲述了这样一件事。他说："不知怎么，忽然想起十多年前的一篇报道：一个美国科学教育代表团到上海访问，听了一堂由一名优秀特级教师执教的物理课。整个教学过程，教学目的明确，教学内容清晰，教学方法灵活，教师问问题，学生回答问题，师生互动，配合默契；教师语言准确精炼，教学时间安排精当。当老师说'这堂课就上到这里'之时，下课铃声正好响起。下面听课的近百名中国教师随着铃声的响起，掌声雷动。但是，五位美国客人的脸上却没有任何表情。第二天，接待者请他们谈谈感受时，他们的观感却出乎我们的意料。他们反问：'这堂课老师问问题，学生回答问题，既然老师的问题学生都能回答，这堂课还上它干什么？'"

　　的确，按照我们固有的对课堂教学的认识，上面的那堂课可谓天衣无缝、精彩绝伦，听课的近百名中国教师的掌声就足以说明问题。但是，美国客人的话又不得不让我们去思考，怎样的课堂才是我们真正需要的？

　　苏联教学论专家马赫穆托夫认为，问题教学法有两种形式，一是"教师提问，学生解答"，一是"学生提问，自己解答"。其中，前者是传统课堂的教学形式，也是浅层次的问题教学；后者则是新课程背景下着力提倡的教学形式，是问题教学的最高境界。

　　人们常说，要"带着问题走进课堂，带着问题走向学生""没有问题不教学"，这是因为问题是教学存在的前提，一旦没有了问题，自然就没有了教师来"教"的必要，也就没有了学生去"学"的必要。因为教学的过程，实质上就是一个发现问题、解决问题的过程，而这一过程的主体是学生，而非教师。

　　课堂教学中有"问题"固然是好事，但"问题"似乎不应该完全来自教师，更多的还应该来自学生，是学生自己在学习过程中遇到的"问题"，因为课堂教学的最终目的就是为了解决学生在学习过程中遇到的问题，而不是学生单纯应对教师提出的问题。或者我们也可以这样来理解"问题教学"：教师带着问题走进教室，通过教师设置的"引"和"解"，来"导"出学生在学习中遇到的问题，最终让学生带着更多的问题走出教室。

然而，"上到学生没有问题"，这可能是我们许多教师孜孜以求的课堂教学的目标，甚至将其视为课堂教学的一种理想境界。所以在课堂教学中，我们常常惊叹于一些教师精心设计的一系列问题，高明的教师甚至还能使这些问题环环相扣而形成"问题链"。以问题驱动，突破教学的重点难点，最终达成教学的目标，是时下很时髦也广为认可的课堂教学方式。教师精心设置问题的初衷，当然是希望学生能够在教师的引导下解决这些问题。如果有些问题学生还不能解决，说明教师的教学还不"到位"；如果学生能够准确解决，那么也就意味着学生已经理解了教师的问题。"学生没有了问题"，那么课堂教学的任务也就自然完成了。还有什么比这更理想、更让人放心的呢？

也许我们见多了这样的课堂，但实事求是地说，我不太欣赏"教师提出问题，学生应答如流"这样所谓"精彩"的课堂。因为从理论上来说，这样的课堂并不真实，也许还很有可能并不存在。如果真有这样的课堂，那只能说明教师设置的问题太浅，有可能只是知识的平面滑行，是"低空盘旋"甚至是"超低空盘旋"，没有能够触及教学的"灵魂深处"；要么干脆是做秀。

实践告诉我们，对于语文教学来说，根本上不是教师讲授了什么，虽然这也很重要，但是要真正提高学生的语文素养，就必须让学生充分地进行语言实践。也就是说要让学生充分和文本接触，让学生在课堂中充分交流与表达自己的意见和看法，让学生的思维相互碰撞，让学生的认识得到提升，师生之间、生生之间进行充分地对话交流，让真正意义上的合作学习发生。

因此，课堂教学需要问题，但是，问题不是教师事先设计好的，尽管我们教师是在对文本中难点把握的基础上设计的问题，尽管我们教师设计的问题能够提高课堂教学的效率，很快达到教学目标，但是，也许正是因为很快能够进入主题，达成教学目标，也就因此而忽略了学习的过程，忽略了作为学生学习的过程、体验的过程、领悟的过程。没有过程性也就没有主体性。我们只有把提问的权力还给学生，让他们去自主地阅读，在阅读的过程中，他们可以把自己的感受、认识、困惑作为问题提出来，与其他同学进行交流。作为合作探究教学来说，真正意义上的语文合作探究教学应该是学生和文本充分接触，充分思考文本，建构对文本的意义，合作探究课堂教学就是建立在学生建构文本意义的基础上。

因此，从这个意义上来说，真正意义上的合作探究课堂教学应该是开放的课堂；是学生主体地位充分发挥的课堂；是每个学生的思考得到展示的课堂。没有课堂的开放性，课堂没有将学生放在一个广阔的天地中去自由地呼吸，我们的语文教学就是不完美的教学，也是没有效果的教学。我们说有效教学，什么样的教学是有效的，尽管不同的人有不同的回答，但是，根本的一点还是我们的教学对学生的影响。这种影响不是别的，是学生思维的拓展、认识的深化、升华。我们的课堂对学生的影响程度越深、越大，那么我们的教学就越有效果。

"练武不练功，到老一场空"。虽然说的是武术，但是对于我们的语文教学来说，同样也是如此。作为语文教学我们追求的是具有内涵的语文课堂，是具有深厚功底的语文课堂，而不是那些花拳绣腿的课堂。我们不是在花样上翻新出奇，而应该在课堂的内涵上深入挖掘。

‖ 第二章 ‖
语文教学现状的调查与反思

一、调查的目的

　　站在语文教学改革的十字路口，人们在徘徊、在观望、在等待。语文教学改革的路究竟怎样走？语文教学的方向究竟在何方？这样严肃的话题摆在我们面前，每个语文人不能不深思。

　　创造型人才的基本素质就是质疑批判精神，我们在教学实践中是否重视去培养学生的这种精神呢？我们需要从哪些方面入手来培养学生的这种质疑批判精神？凡此种种，都是我们需要研究的内容。

　　没有调查就没有发言权。要真正弄清楚这些问题，解开教育的种种谜团，我们就必须要从教育调查做起。一方面，我们进行课堂观察，解剖我们课堂的现状；另一方面，为了充分地了解探究性学习在小学语文教学中的使用情况，掌握学生多年形成的语文学习习惯对语文教学的影响，为我们的研究提供实践性的依据，我们在我校学生中间开展了一次调查问卷调研，通过问卷获得科学的数据资料。根据课题研究的需要，我们的问卷主要从学生的问题意识、使用资料的情况、探究意识、课堂教学中探究性学习的情况等方面进行调查。我校作为农村全日制完全制小学，而且又经过撤点并校，学生来源比较广泛，数量也相对较多，这为我们的调查研究提供了很好的条件。

二、调查对象

我校三、四、五、六年级的学生，共 200 人。

三、调查结果分析

（一）学生问题意识比较淡薄，提出问题和解决问题的能力都严重不足，缺乏必要的探究的精神

我们大家知道，对研究性的学习来说，提出问题是重要的一环。学生能不能发现问题、能不能提出问题，这是检验一个学生探究意识和探究能力的重要标尺。从问卷的结果来看，学生的问题意识比较差，提问的能力比较弱。我们问及你在平时的阅读过程中是否发现问题？有 50.5% 的学生认为能发现问题，只有 7.5% 的学生认为发现不了什么问题。从发现问题的数量来看，似乎多数学生还是能够发现一定数量的问题。但是，这样的一些问题并没有被我们的老师所重视。许多时候，这些问题成为学生一直存在的困惑。我们的教学都是从教师的问题出发来展开，却没有一个教师愿意从学生的问题出发来展开教学，长久这样的教学，会使学生失去提问题的兴趣，丧失提问题的能力。

为了检测学生的提问能力和问题意识，我们给学生一篇短文，让学生在阅读的过程中提出问题。从提出问题的数量来看，学生提出的问题很多，但是从提出问题的质量来看，学生提出的问题都是细枝末节的问题。许多问题根本没有思考的价值，还有一些问题与文本毫无关系，思考的价值很低。这说明学生的阅读停留在表面，他们根本没有思考文本，探究文本。多年来的语文教学已经使我们的学生失去了独立阅读、思考文本的习惯，他们没有了提问的意识和能力。

当我们问及你在阅读文本的过程之中是否主动提出问题，有90%的学生没有这样的习惯。这与我们传统的语文教学有很大的关系。通常情况下，问题都是由教师提出学生思考回答。这样的教学就使得学生提出问题的意识很淡薄。探究教学首先是由问题出发。是不是提出了问题，提出了什么问题，反映的是学生是否思考了文本，是否用探究的方式阅读思考了文本。阅读教学中，我们应该充分重视学生提出问题能力的培养。学生的问题是学生视角在课堂中的表现。

平时的教学中，我们每次学完一篇课文，问学生是否有什么问题，学生总是回答没有了。问学生是否理解了课文，大部分学生都会说他们已经理解了课文。但是，是不是真的没有问题了呢？是不是他们真的对文本都有了认识呢？不见得。其实一些深层次的问题，学生并没有去探究，教学中教师也没有引导学生去探究。

学生有没有提出问题的能力呢？从调查发现，学生还是有一定的提出问题的能力，但是却缺少发现问题的意识，这与我们传统课堂教学的那种惯性有很大的关系。教师长期的灌输式教学，使得学生已经没有了提问的意识，没有了主动提问的想法。

从学生对样文提出的问题分析后，我们发现学生发现问题的质量并不如我们想象的那样高。他们更多的是提出一些不懂的生字词方面的问题，对文本深层次的问题很少有学生能提出。可见，学生平时没有养成思考文本的习惯，学生对文本的阅读不深入、不细致，没有养成带着问题阅读文本的习惯。培养学生的问题意识，养成良好的阅读习惯，就成为我们语文教学需要解决的问题。

（二）学生批判性思维和质疑思维能力不足，创新意识和创新能力有待进一步提高

当前，学生的核心素养是教育研究的热点，那么学生的核心素养究竟有哪些？我们的课堂教学中哪些因素影响着学生核心素养的形成？我们认为，思维能力，特别是创造性思维能力是核心素养的核心之所在。而无论是创造性思维能力的培养还是学习能力的培养，学生的主体性的凸显都是重点。作为语文学科来说，是最需要培养学生的创新精神的学科。每一个文本对每一个学生来说都是一个创造的客体，都需要我们的学生去做出最具有个性化的创造性的解读。这种个性化的解读需要给学生一定的自由，使他们的思想不受拘束，让他们有自由发挥的空间。

我们发现，我们的学生缺少主体意识，缺乏质疑批判精神。多年的教师独霸课堂教学的局面，使得我们的学生等、靠、要思想严重，接受性学习已经形成条件反射。我们的学生对别人的观点不质疑，不批判，缺少自信。在调查中，只有31%的学生寻找证据来证明自己的观点的正确，大多数学生只是接受别人的观点，这占到总数的62%。由此可见，接受性学习已经让我们的学生没有了努力寻找证据证明自己观点的意识。在我们问及遇到和同学们意见不一致时你该如何做的时候，有70.5%的学生有强烈的愿望希望和别人交流，显然学生有强烈的交流的欲望。当问到你回答的问题是否被教师和同学采纳的时候，有73.5%的学生回答偶尔被采纳。教师漠视学生回答，对学生的回答不追根溯源，使得大部分学生处在相对边缘的状态。学生对问题的回答都有一个根据，哪怕那些老师认为不正确的回答，也是他们思

考的结果。教师对学生问答不能否定了事，而应追根溯源，找出学生回答问题的症结所在，这样才能有针对性地去解疑释惑。

许多学生对教师的讲解唯命是从，不敢质疑，不敢提出不同的意见。在平时的学习中，他们对别人的观点总是认同的多，批判的少。调查发现有41.5%的同学虽然有不同的看法，但是却不和老师争辩，不敢坚持自己的观点。和老师争辩的只占到36%。这与我们的标准化考试的评级体系有很大的关系，也与我们的教学有很大的关系。不鼓励批判质疑，只是以标准答案来规范学生的学习。

可见，在探究教学中，培养学生的质疑精神与批判性的思维是非常重要的。在教学中，教师要引导学生去分析、辨别、判断，要引导学生摆事实、讲道理，对别人的观点不能盲目肯定或者否定，要有理有据，同时教师还要引导学生在深入研读文本的基础上来寻找证据。要树立文本意识，真正从思维上去培养学生，让学生的思维在质疑问难中得到训练。

探究首先是从质疑开始，没有对文本的质疑，没有对其他同学的质疑，没有对教师的质疑，也就没有探究的欲望。在我们问及你怎么看老师给出的答案时，有21.5%的学生回答全盘接受。在我们问及在和其他同学合作交流的过程中，你对其他同学特别是优秀同学的观点常常提出不同的意见吗？有56%的学生回答是一般不会提出不同意见。对教师的观点，学生一般不提出质疑。可见，大多数学生一般缺乏自信心，容易受到别人观点的左右，特别是优秀学生和教师对这部分学生的影响特别大。这在合作教学中表现得比较突出。破除学生对别人的迷信，树立自信心就成为我们在平时的教学中特别重视的，也是探究教学所必需的。

学生没有主动思考的习惯，没有主动提出问题的习惯，缺乏必要的质疑精神。学生对自己觉得不准确的东西，大胆地提出质疑的比例并不高，这部分学生占41.5%。从调查结果来看，多年来教师形成的一言堂还没有得到根本的改变，学生对教师的依赖程度还比较严重。打破原有的思维惯性，真正把学生作为学习的主人，发挥学生在学习上的主体作用势在必行。

（三）学生缺乏一定的学习策略，影响学习的效果

学生有强烈的探究文本的欲望，但是，缺乏必要的探究的方式和方法，这与我们平时没有给学生以一定的策略上的支持有很大的关系。教师只知道讲授，只知道让学生合作学习，交流分享，却不知道让他们使用一定的学习策略去学习，去与别人交流，导致学生的自主学习没有效果，合作交流流于形式。因此，让学生掌握一定的学习策略，特别是阅读文本的策略，掌握探究文本的方式和方法是很重要的一环。从调查结果来看，大部分学生认为自己在课前的学习过程中能够思考问题。在问卷中，有71.5%的学生都有在阅读文本的过程中一边阅读，一边思考的习惯。但是，从调查来看，学生提出的有价值的问题还不足10%，学生提出的问题大多是一些枝节性的问题，还有些问题似是而非。这些年的新课改在一定程度上养成了学生自主学习的习惯，但是学生的问题意识和提问的能力还严重不足。从调查结果来看，在前置性作业的设计中，让学生提出一些问题，或者是在教学的第一课时，让学生通过阅读文本，主动提出一些问题，并不是什么困难的事情，关键在于我们教师要引导，在于我们让学生掌握一定的学习策略，使用一定的学习策略去自主学习，合作交流。

（四）学生的资料意识严重不足，分析问题，解决问题的能力不足

探究性学习需要学生有资料意识，也就是说探究性学习的探究需

要教师让学生在文本中寻找证据，证明自己的结论的正确性。这就需要学生要养成良好的搜集资料的习惯，或者是养成通过材料证明自己观点的习惯。

在小学阶段，我们不需要学生查阅那些高深的资料，关键是要养成他们良好的阅读习惯，培养他们严谨的科学的态度。每一个观点的提出都需要从文本中找出相应的内容作佐证。这样才能够真正培养起学生良好的阅读习惯和思维习惯，培养起他们的科学的探究精神。从问卷调查结果来看，学生的查阅资料的习惯非常差。在问卷中，有40.55%的学生有查阅字典的习惯，许多学生不认识的字词不是查字典，而是忽略过去或者是等待教师的讲解。在语文教学中，在文本之中有许多知识性的东西，比如"海市蜃楼"等，学生很少查阅相关书籍了解相关情况。这除了受我们的学生条件的限制——许多学生家处农村，没有网络，没有多余的图书供他们查阅外，还与我们在平时的教学中不培养这方面的习惯有很大的关系。在我们的教学中也发现，学生对问题的回答很空泛，不知道使用文本的内容来证明自己的观点。

四、调查的结论

（一）让学生主动发现问题，培养问题意识

我们要从培养学生的问题意识入手来培养学生的探究学习的能力。问题意识的培养应该是探究学习的关键。提出问题，发现问题，是探究的第一步，而要提出问题，就要有意识地在阅读教学中培养学生去积极主动地发现问题。

传统的教学更多的是从教师的提问出发来施教。久而久之，学生没有了问题意识。作为探究性教学，我们就应该有意识地去培养学生的问题意识。我们的教学都是教师提问，学生回答，这样的教学模式，使得学生的思维被禁锢在教师提问的狭小的范围内，他们的思维也在教师所提问题的范围内，这样十分不利于创造性人才的培养。长期的教师提问，学生回答，学生养成了问题惰性，他们一般没有提出问题的习惯，没有了提出问题的习惯，也就没有了思考文本的习惯。学生仅仅靠课堂教学的时间来思考文本，时间十分有限，学生很难对文本做出充分思考。

这就要求我们的教师在平时的教学中摒弃传统由教师提问题学生回答的教学模式。应该要让学生在自主阅读的过程中来思考文本，提出问题。同时，要让学生提出有价值的问题，我们必须要给学生在方法上、策略上的支持。让他们的自主学习有的放矢。

（二）教师要大胆放手，让学生自主学习，合作探究

愿不愿意放手，能不能放手，这些都关系我们教师对待新课改的态度。愿不愿意放手，这是一个理念问题。能不能放手，这是一个教师的个人能力问题。教师不愿意放手，这是因为他们的理念还没有真正转变过来，他们对新课改提倡的以学生为本，以人为本的教育理念还不是很认同。他们的思维对课改的认识还停留在比较浅的层次上。他们还没有真正认识到放开学生，放开课堂对教学有多重要。不能放手，是因为我们的教师的课堂驾驭能力还存在问题，他们应对课堂教学中出现的问题还不能从容应对。对语文教学来说，文本的解读能力是语文教师的核心素养，是教师能不能驾驭课堂，能不能应对课堂教学中的诸多问题的关键，因此，提高教师的文本解读能力是提高语文教师驾驭课堂能力的关键。

因此，要真正地转变课堂教学，实现课堂教学的变革，首先要从转变教师开始。一方面，转变教师陈旧的教育观念，使他们真正了解课改的理论背景、实践意义。教师要更新观念，探索全新的教学方法，让学生真正成为学习的主人。教师要敢于放手学生，善于放手学生，让他们自主学习，要充分发扬课堂教学民主，让每个学生的思维都要出于一种张力状态，发挥小组合作学习的合力作用。学生的主体性不仅仅体现在学生的行动上，更体现在学生的思维上，也就是说我们是否激活学生的思维；我们是否彰显学生的个性；我们是否让学生处在一种"愤"与"悱"的状态，这都是我们教学能不能取得效果的重要因素。教师要让学生敢于提出问题，敢于向教师说不，敢于表达自己的意见，坚持自己的观点。另一方面，我们还需要提高教师的综合素质，特别是教师文本的解读能力。只有教师文本解读能力强了，教师在课堂教学中才能高屋建瓴、高瞻远瞩。从容地应对课堂教学中学生提出的各种问题，才能对学生做出的回答有清晰的认识，才能挖掘学生答案背后的学生思维的亮点和思维的盲点。

（三）让学生大胆质疑，形成批判性的思维

探究性学习的根本目的就是要形成批判性的思维，但是如果我们的评价体系还是我们的教师的教学中的评价，都是以定性评价为主，我们很少让学生积极主动地去发现问题、探究问题，他们是很难形成批判性思维的。批判性思维的培养需要让学生用质疑的目光去审视文本、审视教师对文本的解读和同学的解读，需要让学生用探究的目光去研读文本，获得对文本深层次的认识，批判并不意味着否定，而是深度思考。

（四）要培养学生的资料意识

从调查结果来看，学生平时搜集资料的意识比较差，不知道如何搜集资料、如何使用资料，因此，要真正进行探究性学习，资料的搜集、分析都显得十分重要。

教师有意识地培养学生的资料意识，在语文教学中，我们首先要通过学生查阅字典、词典来培养资料意识。其次，教师要有文本意识，要善于引导学生从文本中获得自己的论据，要围绕问题学会在文本中寻找支撑材料，让学生知道探究的基本方法，获得初步的研究能力。

五、调查研究的反思与认识

纵观当前的语文教学，我们发现语文教学山头林立，门派丛生。大家各自站在不同的角度对语文教学做出自己的解读，都对语文教学进行了有意义的探索与研究。应该说这些探索是富有意义的，也给我们进一步改革提供了宝贵的经验教训。我们不能仅仅学习别人的，还要在教学实践中不断去探索、去开拓、去创新。比如教案的写作，其实，大家都还是围绕着文本，围绕着课堂教学的环节来进行教学设计，我们还是从教师这个角度来设计自己的教学，我们的课堂教学还是在教案的指挥棒的作用下来进行。我们还非常重视我们的课堂教学预设，我们还没有从课堂生成这个角度来考虑我们的教学，这在很大程度上影响着教师教改的积极性。对于一个语文教师来说，他的语文修养才是最重要的，他对文本的认识决定了一节语文课的高度和内涵。如果我们仅仅从方法上、仅仅从形式上下功夫，那么语文永远走不出现在的困境。再比如，许多人还把教学当作一门艺术来看待，而且在他们的教学实践中还在不断努力，力争使之更具有艺术性。但是他们不知道，作为一门课程，语文教学有其独特的地方。的确，作为一门人文性质的课程，语文教学内容具有很强的人文性。但是，我们不能因此就将语文教学也当作人文性的东西看待。人文性可以使我们重视语文课程的这一特点，但是绝不意味着我们的教学具有这样的特点。语文教学是一种教学方法，教学方法要考虑语文课程的性质，要根据语文课程的性质来确定，但是决不能说方法就是课程的性质，两者不能混为一谈。

语文课堂教学改革走到今天，已经进入深水区。从生本教育到学案教学法，再到杜郎口中学的教学改革，都是对课堂教学的一种革命性的尝试，在这个过程中，尽管这些改革招来了一些非议，但是，它们对我们课堂教学改革的推动，对教师教育观念的改变等都具有极大的推动作用。课堂教学改革怎么改，特别是语文教学，现在有许多理论、有许多主张。他们或者是将目光投入到语文课程性质的争论之中，或者是就语文课程教学的本质性做出自己的规定。但是，还没有多少人来研究从课堂教学结构上来改变目前的教学现状。

如果问我们语文课堂教学的最大问题是什么？我们不能不说，语文课堂存在的最大问题就是传统的课堂教学结构并没有从我们的课堂教学中消失，教师的教学还在传统课堂教学结构中思索问题。课堂教学改革有赖于课堂教学结构的改革。学生按照教师的教学设计来进行学习已经成为我们课堂教学的常态。尽管我们进行了课堂教学改革，我们把合作探究教学也纳入到我们的课堂教学之中。但是，所取得的效果并不明显。尽管我们的许多老师也在不断地进行探索与研究，但是，因为我们的思维禁锢在传统课堂教学的结构之中，没有跳出传统课堂来进行研究与探索，所以，我们的课堂教学依然没有跳出传统课堂的窠臼。课堂教学的结构决定了我们课堂教学中教师的地位和学生的地位。真正要把以学生为主体的教学理念落到实处，真正要把课堂还给学生，我们就必须要打破传统课堂的教学结构形式、创新课堂教学的形式，摒弃那种以教师的教为主线的课堂教学结构形式、建立以学生的学为主的课堂教学结构，打破课堂教学形式对师生手脚的束缚。打破课堂教学结构，要把学生的学放在首位。文本是教学的根本，是提升学生语文素养的根本所在。教师必须吃透文本，对文本有深刻的理解与认识，这是毫无疑问的。但是，教师吃透文本了，是不是就将自己的认识再搬运给学生，让学生不分青红皂白就接受呢？这值得拷问。我们知道，教师和学生都是教学中的主体，都具有主体地位。学生面对一个文本，他们在阅读的过程中必然产生许多自己的认识和感悟，由于平时我们的教学中学生习惯了接受教师的讲解，习惯了拿教师对文本的认识来作为对文本的解读的正确答案，结果他们也就不再去自己解读文本、思考文本。

因此，激活学生、激活学生的认识，让他们的认识也有展示的机会，就成为我们语文教学的重要任务，也是我们语文课堂教学需要解决的问题。

首先，教师的解读不要干预学生的认识，就必须让学生自主阅读文本，在课堂教学中，我们不能先入为主。我们要把学生的学放在首位，实现没有信息技术的课堂翻转。其次，我们也可以利用慕课，利用网络资源等让学生更充分的学习文本、思考文本，获得他们自己的认识。

‖ 第三章 ‖
语文教学改革的历史回顾与现状分析

（一）语文教育的现状不容乐观

语文课堂教学改革走过了一段艰难的路程。回顾历史，我们发现语文课堂教学改革伴随着许多不确定的因素。我们的课堂教学也是在左右摇摆中进行。然而，无论怎么摇摆，都与我们对语文课程的认识有关。也就是说语文课程是学习什么？是人文性的还是工具性的？或者是人文性和工具性的结合？其次就是语文课程教什么和怎么教的问题。怎么教是方法问题，教什么是语文教学的内容问题。这些问题看起来简单，而且看起来大家心里似乎都明白，但是，我们并没有真正解决好这个问题。可以说这两个问题一直困扰着广大教师，也是许多教育研究者所重点探讨的问题。

传统课堂教学中，我们认为语文是工具课，语文学习就是要掌握语言这种工具。而语言的学习和使用，就必须从语法修辞知识出发来学习，语文知识学习贯穿在语文教学之中。因此，语文教学非常重视语文知识的学习。可以说，传统语文教学就是以语文知识的学习为主。将语法修辞知识作为一种科学知识来学习，语文课程就具有了和其他课程一样的科学性质。也许正是因为如此，韩军老师才在《限

制科学主义　张扬人文精神——关于中国现代语文教学的思考》一文中，对传统语文教学中的科学性提出了尖锐的批判。

从韩军老师的批判开始，语文教育界开始反思现有的语文教学。最终，人们把语文课程的性质归结为人文性。也因此，无论是课程的编排，还是教学目标的设定，都围绕人文性来展开。一时，人文性成为语文教育的热门话题，似乎只有人文性才是语文课程的性质。对人文性的张扬，造成语文教育的许多混乱。语文教学背离基本的文本内容，或者一味地延伸与拓展，或者一味地挖掘文本背后的微言大义。其结果是语文只有"文"没有了"语"，学生的语文素养并没有得到提高。

总结与反思语文教育的得失，语文教育界开始对语文课程性质进行深刻反思。语文不仅仅具有工具性，也就是语文不仅是学习使用语言，还需要培养学生的人文精神。语文课程本身就具有人文性质，语文课程既要让学生学习语言，还要培养学生的人文精神和人文情怀。基于这样的认识，语文教育界将工具性与人文性进行了调和，把语文课程的性质归结为人文性和工具性的统一。尽管如此，语文课程的性质的争论还没有结束。在语文课堂教学中，许多教师还是我行我素，没有一个统一的标准。

可以说，当前，无论是语文课程的性质还是语文知识以及语文教学的内容都没有在教学实践中得到很好的解决。语文课程改革来自我们对语文课程的认识和语文教学实践，没有哪一门课程像语文课程这样具有不确定性，无论是语文课程的性质还是语文教学内容都没有一个统一的标准。也许正是因为如此，在教学实践中留下了许多想象的空间，也给语文老师留下了许多发挥的余地，同时这也造成语文教学中的许多混乱。这具体表现在这样几个方面：语文课程的性质——人文性抑或是工具性；语文教学内容——确定的还是不确定的；语文教学中的知识——学还是不学。这些东西在我们语文教育界还很模糊，也成了语文教育界争论不休的问题。

（二）工具性还是人文性，语文教学效率低下的另类原因

就语文课程来说，语文课程的性质究竟是什么——是人文性抑或是工具性？或者是工具性和人文性的结合？对这些基础的问题大家一直争论不休，说不清楚、道不明白。多年来我们一直将叶圣陶先生的语文是一门工具学科，是为了掌握语言这种工具这一说法作为语文课程的性质。对此，从来也没有人提出怀疑。从这样的认识出发，我们将语文课程的性质定义为工具性。从工具说出发，我们得出了语文教学的目的就是为了掌握语言这种工具，人们将语文学习的目的定位为语言的习得。

那么语文课程是不是一门工具课呢？我们认为，从语文是学习和使用祖国语言文字这个方面来看，语文是学习其他学科的基础，也是工具。只有掌握了语言这个工具，我们才能真正从事其他学科的学习。所以，语文是工具课并没有本质的错误。既然语文是工具，是学习和使用语言文字的，那么余下来的问题就是如何学习和使用祖国的语言文字的问题了。

过去，我们因为语文是学习运用语言的，我们就将语法修辞知识作为语文学习的重要内容。我们将语文学习等同于语言知识的学习。其实，语文学习与语言学习还是有本质的区别的。语文是学习和使用语言的一门课程，学习语文必然要学习语言，但是，语言知识的学习不等于语言的学习。语言是生活的反映，是作者认识的反映。语法是语言规律的总结，学习语法知识和修辞知识能够在某种程度上提高学生的语言运用能力，但是，学习语法修辞知识不是最终目标，我们学习的最终目标是会使用语言、能够娴熟自如地去使用语言。学习语法修辞能够提高学生使用语言的准确性，但是，并不能必然地导致学生会使用语言。从一个字到一个词再到一个句子，以及到一篇文章，不仅涉及的是字词问题，还有一个认识问题。学习语文不仅要解决语言

问题，还要解决认识问题，而且这个认识问题和语言问题是同步发展的。语文教学效率低下，其根本的原因不但是没有解决语言学习问题，而且是没有解决认识问题。所以，语文教学必须解决这两个方面的问题。认识问题不仅是人文性的问题，还是一个思维性的问题。有论者认为语文教学解决的就是言与义之间关系的问题，也就是我们用什么样的语言表达了什么样的意义的问题。语文教学就是揭示蕴含在语言背后的意义，揭示言与义之间的关系。应该说这种认识是深刻的，它抓住了语文学习的本质。人文论者标榜语文是人文性的课程，将人文性作为语文教学的重点。这看起来解决了意义的问题，其实，还是没有抓住问题的实质。正如许多论者所说的，人文性不仅是语文课程所具有，其他课程也具有人文性。我们在语文教学中可以培养学生的人文精神，但是，有了人文精神，是不是必然就会使学生的语文素养提高，我看未必。人文性是精神层面的东西，而语言性是认识层面的东西。语言是客观事物的反映，也是人的内在思维的反映。语言的学习应该解决的是两个方面的问题：一个是语言本身的问题，一个是思维认识的问题。

语言问题既是工具性问题，也是思维问题，从本质上说是人的问题。过去，我们重视双基训练。双基训练某种程度上解决的是语言习得的问题。训练的目的就是内化语言，语言只有内化为人的认知，成为人的认知结构的一部分，语言才能真正学到手。而内化语言的过程也就是思维训练的过程，因此，语言的学习是与思维的训练同步进行的。也只有与思维训练同步进行，语言学习才是有效的。

认识问题有两个方面：一是对语言规律的认识，语法修辞知识的学习就是解决这个问题；另一个就是对人生社会以及万事万物的认识。这个认识既要通过生活的积累，又要通过对作品的体验与感悟。积累生活，就是积累认识。所以，语文教学就是要面向生活，在生活中学习语文。《语文学习》杂志将语文的外延与生活的外延相等作为一枚旗帜是有一定道理的。当然有生活积累不一定就有认识，在生活积累的过程中，我们要不断地去锻炼学生的思想认识，同时我们要在我们的语文教学中不断地训练学生的思维能力，提高学生的认识能力。阅读写作的目的就是锻炼学生的认识生活的能力和认识自我的能力。而这种能力要通过言与意之间的关系揭示，使学生在言与义之间建立某种联系，提高学生的语感水平。许多时候学生词不达意，我们仅仅看作是语言问题，其实质还是一个认识问题。阅读教学从根本上来说也是要解决一个认识问题，也是要培养学生的认识生活、感受生活的能力。对作品我们既要了解作者所写的生活内容，也要了解与认识作者为什么要将这些内容写入文章，透过这些生活我们体验到作者是如何认识他面对的生活的，也就是对认识的认识，两者的结合就构成了语文教学的内容。我们说的深度学习，体现在哪里，就体现在对作者对生活的认识的认识上。

基于这样的观点，我们看看我们的语文教学就知道问题出在哪里了。

人文论提出之后，语文教育界对工具说不分青红皂白，大加挞伐，把语文的工具性和传统语文教学画上等号，将语文教学效率不高的原因归结为工具性，认为工具性是造成传统语文教学效率低下的罪魁祸首。他们不知道，没有了语言性、工具性，也就没有了语文。语言是一种交际和交流的工具，这是没有错的，语文就是为了学习使用这种工具，也是没有错的，语文教学就是要学习使用和掌握语言这一工具。语文课程标准明确指出，语文课程是学习和运用祖国语言文字的一门学科。可见，语文课程的首要目标就是学习和使用祖国的语言文字。叶圣陶先生虽然主张语文是工具，但是这并不意味着其不重视人文精神的培养，叶圣陶先生在写作教学中提倡立诚之说，提出要学生真实地表达自己思想的主张，都包含着人文培养的因素。要写好作文必须要"诚"，也就是说从人的思想实际出发，实事求是地将自己的内心感受真诚地表达出来，这必须要提高自己的思想修养。作为语文教育的老前辈，作为具有多年实践经验的老教师，他的这些认识不能说不深刻。它触及了语文教学的核心和实质。因此，学习和掌握语言这种工具并不会必然地导致语文教学的人文性的失落。相反，要真正学习语言就必须要从修炼自己的思想开始。

那么，语文教学效率不高的原因在哪儿？显然不是我们对语文课程性质的认识问题。我们认为传统语文教学效率低下的根本原因是采取的方式和方法有问题，是我们教学的模式和我们对知识的认识出了问题。多年来从苏联得来的教学模式，把语文课堂教学也当作科学课程一样来上，导致语文教学的死板生硬。我们强行灌输知识，死记硬背知识，把知识的学习作为教学的最终目的，这才是问题的实质。过去，我们将语文知识当作一成不变的东西，以为只要学会了这些知识，就掌握了语言。我们把语文知识和其他课程的知识一样来看待、来学习，也采用一样的讲授的方式，不知道语文的知识是一种和人的生命联系在一起的东西，是需要经过心灵净化，需要和学生的思维能力同步发展的东西。

要学习和掌握语言，就要从语言的规律入手，掌握语言的规律。这是不错的。语法知识、修辞知识是对语言规律的总结和概括，语言的学习就必须学习和掌握语法知识和修辞知识，语法知识的学习可以使学生在使用语言时不会出错，或少犯错误；修辞知识的学习可以使学生的语言的表达更加有味。两者的学习可以从两个方面加强语言的学习，这样可以提高语言学习的效率。因此，修辞知识、语法知识的学习在语文教学中占据重要的位置。学习掌握这些知识对语言习得有很大帮助，学习这些东西不会必然地导致语文教学效率的低下。

但是，如果我们将语言的习得仅仅归结为语法修辞知识的学习，认为语法修辞知识的学习就是学习语言那就大错特错了。语法修辞知识是对语言规律的总结和概括，学习语法修辞知识可以在一定程度上促进语言知识的增长，但是，这不是问题的全部。语言是与学生的生命联系在一起的，正如韩军在其《限制科学主义　张扬人文精神——关于中国现代语文教学的思考》一文所指出的："语言不仅仅是一种工具，还是人本身，是人的一部分；它不是外在于人的客体，而是主体，不仅仅是器用，还是道体。它满含主体情感，充满人生体验。"因此，语法修辞知识的学习，不能必然地提高学生的语言素养，语言的习得必须与学生的生命体验、情感体验、对社会人生的认识结合在一起。语文之所以是实践性的课程，其根本的原因就在这里。

（三）对人文论的反思

自从人文论提出以后，人文性就占据了语文教学的大部分江山。人们张口闭口都是人文性，似乎语文就是人文性的东西，只要将学生的人文精神培育起来了，语文教学的效率也就提高了。我们忘记了语文课程究竟是做什么的？它的根本目的是什么？在这样模糊的认识之下，语文教学走进了混乱之中。

首先打出人文旗号的是韩军老师。韩军在他的《限制科学主义 张扬人文精神——关于中国现代语文教学的思考》一文中对语文教学中的诸多问题提出了自己的看法。他认为语文教学效率低下的关键原因是没有重视语文课程的人文因素，语言是人的生命的外在体现，学习语言离不开人的生命体验。他认为语文教学要从语文学科的特点出发来学习，而不是像数学理化一样大肆地讲授，忽视学生在语文学习过程中的情感体验。显然，韩军老师是看到了传统语文教学的弊端，有一种强烈的变革语文教学的使命意识。他主张要从语文学科的特点出发来学习语文，反对在语文教学中的讲授式、死记硬背式的学习语文的方式。这无疑击中了语文教学的要害，为语文教学的变革提供了理论上的支持。

沿着这样的路线，韩军进一步阐述了他的观点。语文不是一门科学课程，而是一门具有很强的人文性的课程。因此，语文的教学就应该重视人文性这一特点。他指出语文阅读教学中对文本的解读是没有标准答案可言的。语文是人文性的课程，语文需要的是体验感悟，语文教育不仅是语言教育，还是人的教育。后来，他提出了新教育的主张。所谓的新教育，是从五四传统教育而来的人的教育，是立人的教育。他认为语文教育的无效或者低效的根本原因是人文价值、人文底蕴的流失。从价值论上来说，是"公共话语的极度膨胀，私人言语的极度萎缩"（《新语文教育论纲——论五四后中国语文教育的三重误区》）。韩军的这些主张切中了语文的流弊，给语文教学带来了一股清新的风气。但是，人们对韩军老师人文论主张的认识上，出现了这样那样的问题。结果在实践操作上出现许多失误，最明显的就是为许多人听见、批评的那种离开语言而架空文章内容的做法。语言是人的生命的外在体现，学习语言离不开人的生命体验，这有其深刻的一面。但是，仅仅把语言与人划等号，这就有点概念的混淆。人有思想，有情感，有认识。语言虽然是人的内在认知结构的一部分，但是它不是人的全部。语言具有独立的一套符号系统，我们需要学会这套系统、学会使用这套系统。这种学习和使用就是人的言语实践活动。因此，语文具有人文性，但是不是语文的全部。把人文精神当作语文教学的终极目标显然是不切合语文学习的实际的，也会对语文教学造成混乱。人文论提出之后，语文教学中出现了偏向人文精神的倾向，使得语文教学剑走偏锋。

王尚文是人文论的支持者、倡导者。他认为"人文原在语文中，人文作为一种性质或者精神，只能渗透于某具体可感的实体之中，……正如韵律能存在于诗歌的平仄声韵之中，肢体的动作之中，建筑的形体变化之中……"（《关于语文课程与教学的是对关系》）。因此，他所说的人文性与我们大家所表述的人文性是有区别的。他认为语言性与人文性是不可分离的，是形式和内容的关系。因此，语文教学重点是要守住话语形式这一门槛。他的人文论是建立在立人基础上的人文论。他从人的独立性、人的主体性这个角度来论述。王尚文先生提出教育立人的思想，关键是我们如何去立人。人格独立，需要会思考的头脑、独立思想的意识。

王尚文《"人文说"和"工具说"的分歧》等文章，都对人文性和工具性进行了深刻的阐释。王尚文在提倡人文性的同时，始终没有忘记语文的工具特性。当然，在他那儿不叫工具性，而是语文性或者语文味。语言性也罢，工具性也罢，他非常重视语文的体验和感悟这一特性，重视语感的培养。使语文回归到语文的路上，这是他的主张。他认为工具性和人文性的统一作为语文课程的性质有点勉强，为什么语文要把工具性和人文性统一，那么音乐也有人文性，那就是音乐性和人文性的统一，同样的，其他课程也可以这样定义。显然，在他这儿，语言性是根本，人文性是附着在语言性上，离不开语言性的。学习语文根本的、核心的还是学习语言，这是语文教学的根。传统课堂教学，把教师教学的东西作为知识，让学生接受。学生没有自己的东西，一味去理解教师，结果，学生不再相信自己，也不愿意去相信自己。教师认识是深刻的，我们不否认。学生认识肤浅，我们也不否认。关键是教师的深刻学生能不能达到。我们又如何去让学生深刻起来。教师霸权课堂，学生不会有独立思想的自由，这样的课堂学生不会走向深刻。

与此相呼应的是钱梦龙老师的《为语文教学招魂》一文，这可以说是对人文论的一种反驳。他指出："纵观古今中外的教育，无论体制有怎样的差异，都必须把对下一代进行民族语的教育放在首要的地位。因为'民族的语言即是民族的精神，民族的精神即是民族的语言，二者的同一性超过了人们的任何想象。'（洪堡特）民族语不仅是民族精神、民族文化的最重要的载体，而且是民族精神和民族文化本身，对下一代进行民族语的教育，是传承、延续、发扬民族精神、民族文化的必然选择，而这个任务在中小学的各门课程中毫无例外都由语文课承担。换言之，中小学设置语文课程的目的就是为了对下一代进行民族语的教育。语文教学，说到底就是民族语教育，即母语教育。"因此，他认为："民族语教育正是语文教学'魂'之所系！"

那么如何来进行民族语言的教育呢？他认为："读和写（扩大一点，还包括听和说）是学习民族语的必由之路。"也就是说语文教学"主要凭借对范文（它们是运用民族语的典范）的学习，培养学生对民族语的感悟能力和热爱民族语的感情，并使学生在掌握民族语的过程中受到民族精神、民族文化的熏染；同时又通过写作的训练，提高学生理解和运用民族语的能"。

人文论的提出使得一些教师忘记了语文究竟是做什么的，许多教师把人文精神的培育作为语文教学的主要任务，在教学实践中虚化弱化了语言教学，导致语文教学从一个极端走向了另一个极端，使得语文教学走上了一条不归路。钱梦龙老师从自己的语文教学实践出发，及时对人文论在认识上的混乱进行拨乱反正，无疑其认识是正确的，他的这种认识对语文教学发挥了很大的矫正作用，对我们当前的课改具有很大的指导作用。

当前，尽管语文课程标准对语文课程性质进行了调和，将工具性和人文性作为语文课程的性质，但是，还有许多专家学者或者研究语文教育的教师对此提出不同的看法。比较有影响的是李景阳老师的看法。在他看来，语文是一门学习和使用语言的基础性、实践性的课程。他撇开语文的工具性和人文性的争论，另辟蹊径，他把语文当作一门课程来看待，这门课程的目的是学习和使用语言文字。2011 版的新课程标准吸纳了这种说法，认为语文课程是学习和运用语言的一门实践性、基础性的课程。语文具有人文性和工具性，是人文性和工具性的统一。这样，就在很大程度上明确了课程的性质，也在很大程度上纠正了一些不正确的认识，为语文教学的改革提供了方向上的支持。

综上所述，对语文课程的性质的认识，影响着我们的语文教学实践。一线教师根据自己不同的理解和认识，对此做出不同的解读，在教学实践中，也根据自己的理解和认识，语文教学的侧重点也有所偏向。主张人文论的偏向于培养学生的人文精神，偏向于工具论的重在对学生语言能力的培养。可以说，语文课堂教学中是乱象丛生，广大一线教师还是彷徨而又彷徨。新课程标准的修订，廓清了在语文课程性质认识上的模糊不清之处。纠正一些不正确的认识也为语文教学实践走上正确的道路奠定了基础。正如有专家们强调的，语文教学，既要重视包括字词使用、语法结构等语言能力的培养，更要在教学过程中注重对学习主体的思想水平、道德品质、文化品位、知识视野、智力发展、人格个性的塑造，在长期的教学、熏陶、浸染之后，将这些内容积淀内化为一种基础，再通过学生的日常生活和考试过程展现出来。周鸿祥强调，"一名合格的现代人，日后无论从事何种工作，都得有一个基本的本领，就是写作的本领。这就需要让孩子们懂得文章之道、文章之法。"《人民日报》（2013 年 11 月 22 日 12 版）文章之道与文章之法，就是我们语文教学要给学生解决的，也是我们语文教学的目的之所在。

要真正认识语文课程低效或者无效的根本原因，从课程的性质入手来寻找还显得有些单调。作为一门课程，影响语文教学效率的因素是多种多样的，课程性质是一个方面，教学方法、教学原则、教育理念也在很大程度上影响着我们语文教师的教学效果。因此，要寻找语文教学低效的根本原因，还需要从教师的教学理念出发来研究。我们首先必须搞清楚传统语文教学的弊端究竟在哪儿，是人文论的缺失还是工具论的极度膨胀；是缺乏人文精神的培养还是我们语文教学的方法出了问题；抑或是我们信奉的教育原则出了问题，这些问题对我们寻找语文教学有效的途径非常有帮助。我们没有必要在课程性质上争论不休。我们应该有更宽广的视野，以更多样的视角来看待我们的语文教学，这样才能真正找到问题的病根之所在。

同时学生人文精神的培育不仅通过我们的语文教材，不仅通过文本来培养，教师的一言一行、一举一动，教师的人文素养都在很大程度上影响着学生，感染着学生。亲其师而信其道，一个没有人文素养的教师，学生不可能从他的身上获得人文素养。正如陆游所说的，一个真正要学习诗歌创作的人，功夫不仅在诗歌之中，还是在诗歌之外。学生人文精神和人文情怀的培养，不仅在课堂上，还在课堂之外，不仅在教材之中，还在教师身上。

（四）语文课程工具性和人文性的争论，其实也是文和道之间的关系在语文教学中的折射

我国古代的教育家都十分重视处理文与道的关系，有些主张文道统一，有些主张文是器皿，道是内容，还有一些文学家十分重视道，把道放在文之上。

孔子就认为诗"一言以蔽之，思无邪"。可见他十分重视学生的人文修养。他把文学的功能看作是教化作用。孔子把文学看作是培养君子人格的最好的载体。"文质彬彬，乃为君子。"我想，这与他提倡礼有很大的关系，孔子的人格理想就是礼。

我国伟大的文学家韩愈就认为教师的作用就是传道、授业、解惑的。多年以来，我们将道庸俗化，认为道就是封建的儒家的思想，其实不然。我们认为韩愈在《师说》中主要是为了提倡虚心向他人学习，讲的是从师的道理。从后文来看，三人行必有我师焉，这是他立论的基础，从这一基础出发，他提倡向他人学习，从别人那儿获取一定的思想养料。因此，我们认为韩愈这里的道不是一般意义上的思想

品德，或者不是儒家的思想道德教育，而是知识之道，也就是知识之所以成为知识的那个道理，这才是韩愈的本意。

无论是人文精神的培养还是学生语言文字能力的形成，都离不开学生这个学习的主体。语文就是学习和使用祖国的语言文字，这是确定无疑的。关键就是如何学习，通过什么途径，是用什么方法来学习。语文课程性质的明确虽然在某种程度上可以为语文学习提供一定的理论上的支持，但是，却并没有解决实践中的问题。广大教师在教学实践中还在人文性和工具性之间徘徊。课改的根本是学生主体地位的凸显。如何在课堂教学中凸现学生主体地位，许多教师做出了积极探索。当前的语文教学有回归以学生为主体的趋势。李华平教授的"正道语文"比较突出地体现了这种趋势。那么，什么是"正道语文"？他们给出了这样的诠释："正道语文"的提出，正是要倡导将文本的关照回归到语文教学的本体地位，即更加注重"语"和"文"，更加注重文本本身的价值，更加注重人文精神培育的自然、合理与科学，让语文教学回归到对文本本体和学生本体的研究中来，让语文教学回归"老老实实教学生正确和熟练运用祖国语言文字"的"正道"（百度词条）。显然，这"正道语文"就是针对韩军的人文论提出来的，也是对语文教学中过分重视人文性而轻视语言性的一种拨乱反正。

（五）语文教学内容——确定的还是不确定的

语文教学的内容究竟是什么？我们教了多少年的语文教学，很少有人思考这个问题，当人们回过头来看的时候，他们发现原来语文教学还根本没有步入正轨，尽管我们每天都在进行语文教学，尽管我们有很多人在研究语文教学，但是，这个根本的东西还没有人真正思考过。同样的文本，不同的老师由于认识的不同、认识的深浅程度不一样，他们教给学生的东西也是不一样的，他们传授给学生的东西也不一样。可以说没有哪一门课程像语文课程这样随意性如此之大。提倡人文性的老师，可以天上地下将语文人文性发挥到极致，在那儿一个劲地培养学生的人文精神。提倡工具性的教师在那儿一个劲地进行知识传授。语文究竟是要培育学生的人文精神还是要培养学生的语言能力，抑或是学习语文知识等等，大家都还是各说各的，各做各的，没有一个统一的标准。学生总是感觉到语文学与不学一个样，教师教与不教一个样，学生对语文很少感兴趣。我们提倡人文性，语文课堂就成了人文课，我们提倡工具性，语文课堂就成了分析讲解课，就成了语文知识课。好的老师将语文课堂上活了，差的老师将语文课堂上死了。

也许正是因为这样，我们语文教学的内容才在最近几年引起了语文界的广泛关注，语文教学研究专家、一线语文教师在语文刊物上发表大量的相关研究论文，对此进行了深入的研究与探讨。尽管各家说法并不一样，但是，就总体来说，这些研究更多停留在教师的预设上，从教师的预设出发进行研究，而没有将教学内容作为一种动态生成的过程。他们只是从文本这个角度，从教师这个角度来思考问题，却没有从学生这个角度，从语文课堂资源的生成这个角度来进行研究，形不成一个统一的认识。

应该说，对于教材的编写者来说，语文教学的内容是确定的。每一个教材编写者都是带着一定的编写意图，都是为了达到一定的教学目标而设定教学篇目。每个教材的篇目之中训练的重点，需要掌握的知识点是确定的。但是，这并不能因此就说我们语文教学的内容是确定的。一方面文本内容还需要经过教师的处理。教师对文本的处理有深浅之别，高低之分，这样，语文教学的内容也就在教师这儿打了折。另一个方面，学生对文本的认识又形成了另一种教学内容。这种内容是学生在阅读文本的过程中结合自己的阅读经验、生活积累、知识储备，对文本做出自己的解读，这种解读必然带有学生的个性特征。这也在另一个层面上形成语文教学内容的不确定性。因此，对于语文教学来说，教学内容既是确定的，又是不确定的。

我们拿什么来确定我们的教学内容呢？我们拿什么东西作为我们语文课堂教学生成的资源？这就成了一个大的问题。我们认为，教学内容不仅是一个教的问题，还是一个学的问题。也就是说从学生这个角度来审视我们的教学内容，从课堂生成这个角度来看我们的教学内容。学生需要什么，学生已经知道了什么，他们还不知道什么，这应该说是我们教学内容确定的一个重要依据。

尽管我们的语文教师在教学中，在教学预设中尽量地去接近教材的目标，尽量要达到教材的目标，但是，在具体的教学过程中，教师根据自己的理解和认识，对文本做出不同的解读，传达给学生的文本的信息也是深浅有别的。这样就形成语文教学内容的千差万别，也就造成了语文教学效果的千差万别。

作为语文教学来说，语文是最具有开放性的课堂，一千个读者有一千个哈姆莱特，文本的这种开放性决定了我们语文教学的开放性。许多时候我们总是拿教学参考书或者是专家学者的对文本的解读来让学生接受，由于学生缺少必要的经验，他们的生活阅历、思想阅历等都不能和专家学者相提并论，也在一定程度上不能和老师相提并论。因此，我们拿我们的认识，我们从教学参考书出发来进行教学，学生必然难以有感同身受的认识，学生也很难真正进入文本之中，获得情感体验，得到心灵愉悦。

因此，我们认为语文教学的内容是一个动态生成过程，绝不是静止地躺在教材之中等着我们去教学。各种教学的目标都是指向学生，我们能够传达给学生一些什么样的内容，我们的学生能从我们的语文教学中获得一些什么样的东西，这些都不是教师所能教给学生的，而是学生在学习的过程中生成的，教学的内容就是师生在合作互动中生成的东西。读者反映文论认为，文本只有到读者那儿才真正发生效力，读者对文本进行再创造，构建文本的真正的意义。语文教学就是要促进学生与文本的对话与交流，让他们和文本的对话更深入、更全面、更具有思想的内涵，这才是语文教学的根本目的之所在。任何教学都是指向学生，都会指向学生的学习。作为语文教学来说，理解文本，深刻地解读文本，让学生通过文本的学习，提高他们分析解读文本的能力，都是重要教学目标。基于这样的认识，我们认为语文教学不是让学生学一些死板的知识，而是语文知识背后的思想和作者的思维过程，是要把语文知识内化为学生认知结构的一部分。因此，对于语文教学来说，没有确定的教学内容，语文教学的内容是在学生阅读文本、思考文本的基础上进一步的深化，是对学生认识的一种升华。叶圣陶先生为什么说语文是培育学生的思维能力的，就是因为认识的背后是思想、是思维能力。

（六）语文知识——教还是不教

语文教学的知识问题也是一个突出的问题。语文教学需不需要教知识，语文知识对语文教学、对形成学生的语文能力究竟有多大的作用，似乎也是一个问题。作为语文知识是对语文规律的科学总结，我认为，语文教学要有效果，语文知识是不可缺少的。关键是我们如何获取语文知识，我们将语文知识当作教条还是当作生动的、鲜活的生活内容来看待。我们是在鲜活的生活中去学习语文知识还是记忆一些干巴巴的语文知识的概念，这结果是大不一样的。语文知识有别于数学等科学知识的地方在于语文知识是与其反映的生活内容紧密结合在一起的，学习语文知识需要和生活内容一起来学习，是在对事物的特殊的感受的基础之上的学习，而不是干巴巴的概念的记忆。在这个层面上我们说语文是实践性最强的一门课程，语文的实践性就体现在这儿。比如，比喻这种修辞手法，我们仅仅知道了比喻的定义还远远不够，我们还需要在生活中经常地不间断地进行比喻这种修辞手法的使用，让学生在使用这种修辞手法的同时，获得对比喻这种修辞手法的掌握。

学习语文知识，掌握语言规律，是语文教学重要的内容，也是我们学习语言必不可少的。但是，我们必须知道的是语言的规律、语言的知识有其特殊的一面。语言的使用是人类的一种创造性的活动，尽管语文知识对学习语言规律、掌握语言有一定的作用，但这不是决定性的作用。也就是说，单单掌握了语言的规律，并不能够必然地就学会语言。我们也必须清楚，人文精神和人文情怀并不一定是通过培育就能形成的。每个民族都有其民族精神生长的土壤，有其发展的社会环境和人文环境。人文精神一方面需要培育，另一方面还需要熏陶、感染。如果仅仅从教育这个角度来看待人文精神，把语文教学的任务规定为人文精神的培育，不但背离了语文教学的基本原则，也与实际的语文教学不符。语言的确是人的生命存在的一种方式，但是并不是唯一的方式。那种认为具有了人文精神、人文情怀，人就会具有语言能力的说法是不科学的，也是不合实际的。

作为一种语言能力来说，学生虽然天生会说话，会说正确的话，但是我们并不能保证学生的每句话都是正确的，也不能保证每个学生天然就具有语言能力。当然，我们所说的语言能力指的不是一般意义上的语言能力，而是能思维的能力，能正确表达的能力。只有学生的思维能力获得了有效的培养，学生的语言能力才能说是真正得到了有效的培养。语言是思维的外衣，这在某种程度上来说解释了语言和思维的关系，是我们语文教学需要深入思考的问题。语言能力和人文精神不能画等号，我们不能说语言能力不强的人就没有人文情怀和人文精神。有时候，这些人的人文精神和人文情怀比我们文人的还要高。但是他们为什么不能进行文学创造，关键是他们没有掌握语言这门工具。我们可以通过语文学习影响一个人，让一个人的精神生活更丰富，人文情怀更深厚，但是我们却不能使一个人因为具有人文精神和人文情怀必然具有语言能力。

我们要正确使用语言，我们不仅要学习语言的组合规律，我们还要在实践中去使用，不断总结经验，培养我们对语言的感觉能力。只有这种感觉能力培养出来了，我们的语言能力才会真正形成。同时，语言和其反应的事物是紧密联系在一起的，学习语言，使用语言，我们还必须要历练学生的思想，历练他们的观察事物的能力。语言既是对思想的反映，也是对人的认识事物的能力的反映。在语文教学中，我们不仅要给学生一种语言的技能，更要给学生一种认识的技能。让学生语言的发展伴随着学生的认识的发展而发展。只有这样，语言才能真正学到手。

作为语文知识来说，它既有规律性，又具有很强的实践性，这样，语文知识既有确定的一面，又有不确定的一面。作为一种语言规律来说，它是确定的，比如，语言的组合规律，修辞手法等都是确定的，有那样的语言特征，它就有那样的组合规律，也就有相应的修辞特征，就有相应的修辞手法。学生学习了这些规律，能增加他们使用语言过程中语言的自觉，但是并不必然形成他们的语言能力，要真正形成语言能力，还需要经过实践的不断训练。同时，还需要不断地去观察事物、认识事物，使事物不但了然于目，而且还要了然于心。也就是说，我们必须严格培养学生对此事物和彼事物之间的联系，这种联系，不是靠传授就能获得的，而是需要长期的观察，需要学生丰富的联想能力和想象能力。这些能力，不是语言知识所能左右的。比如，我们学会了比喻、拟人等修辞手法，我们并不一定能会使用这样的修辞手法去写作，因为，如果一个人在此事物和彼事物之间没有建立起相似性的联系，他们也就不可能会打出比喻句，造出拟人句。同时，打比喻还要对此事物和彼事物有良好的感觉，这种感觉上的沟通不是靠知识，更主要的还是靠感觉，靠他们对两事物之间内在联系的感觉，这样才能使他们用一种比喻和拟人的修辞手法去表达自己的思想。而这种联系既与对两种事物的认识有关，又与对两种事物的敏感程度有关。我们说语文是实践性很强的一门课程，语文的实践性就体现在这儿。没有在实践中锻炼出敏锐的心智，就不可能有真正的语文能力，也不可能有真正的语文知识。

（七）学生放还是不放

作为在一线摸爬滚打了多年的教师，我在思考着这样一个问题，是什么东西让我们的教师陷入到这样尴尬的境地之中。穿新鞋，走老路？是什么让我们的教师口头上一套，实际上又是一套呢？是什么让我们的教学改革成效不显著？是我们教师的素质问题还是我们教学模式的问题，抑或是我们的新课改的问题。我们不能否认教师的素质是一个方面，但是，还有更为重要的一个方面，那就是我们教师的教学理念，以及教师对教学理念理解的深刻程度。许多时候，我们的教师都是将别人的方法拿来就用，他们没有考虑这些方法背后所蕴含的思想，折射出来的教育理念，结果，任何方法到了他们的手里都成了束缚手脚的镣铐。

就整个新课程改革来说，凸显学生的主体地位、彰显学生的个性特征都是教学改革的重点，也是我们一直没有能够突破的难点。一个重要原因是我们对学生没有信心、不相信学生的能力、不相信学生的创造性的潜能，我们总是牵着学生的鼻子走。

其实学生的身上蕴藏着巨大的潜能，我们应该要相信学生，充分地挖掘学生的潜能，让每个学生的潜能都能在合作学习的过程中得到发挥。这就需要我们给学生充分的学习时间，让他们结合自己的生活经验和人生经验，对文本做出自己的价值判断。读者反应文论认为，文学作品的意义在阅读中产生，因此，作为课堂教学的文本其意义也必须在学生的阅读活动中生成。过去，我们把课堂教学的重点、难点预设进去，我们把课堂教学需要学习的东西都变成一个个的问题，然后就让学生回答思考这些问题，而课堂教学的时间是有限的，一节课下来，学生很难有深入阅读文本、思考文本的时间。这样，就使得我们的教师的预设常常落空。教师教得吃力，学生听得费劲。语文课堂的低效或者无效也就在所难免了。

课堂教学的关键是教师要放手，要让学生和文本充分接触，课堂教学要建立在学生对文本意义建构的基础上。课堂教学是对学生认识的延伸、拓展、深化、升华。

新课改的核心是什么，我认为就是处理好师生之间的关系，也就是说教师如何放权给学生，如何发挥自己的作用，如何在发挥自己的作用的同时又不至于伤害到学生主体作用的发挥，这就成了教学的一大问题，也是我们课改所没有解决好的问题。有效的语文教学首要的就是要从学生出发，让学生充分地阅读文本，形成认识。在形成认识的过程中，产生的困惑，就成为我们语文教学的课堂教学资源。

许多时候，我们放不下教师的架子，我们不相信我们的学生，不相信他们有自主学习的能力，不相信他们解疑释惑的能力。我们总是将学生牢牢禁锢在我们教学设定范围内，我们总是将课堂教学的过程牢牢掌握在我们教师的手中，我们不敢越雷池一步。我们所谓的学生的主体地位就是课堂教学中的合作学习，就是那种看起来很是热闹，实际上并没有多少价值和意义的合作学习。我们的合作学习是教师设定问题，然后合作交流学习。我们很少放开学生让学生自主学习，自主解决问题。我们的问题更多的是来源于我们教师而不是学生。因此，我们的所谓的合作与交流在某种程度上是不完全、不充分的。我们的语文教学并没有真正从传统的教学中走出来，我们的教学方式和方法没有能够得到根本的改变，我们教师的教学观念还没有得到根本的改变。

　　因此，课堂教学改革任重而道远，还需要我们教师大胆革新，开拓创新，走出一条具有语文特点的课改之路。这样的课堂教学改革符合语文学习的规律，符合学生的认知规律，是能够有效发挥学生的主体地位和作用、能够有效提升学生的语文素养、能够有效提升学生的学习能力的改革之路。学生自主学习能力的培养是改革的重点，学生语文素养的提高是途径，终身学习能力的培养是目标。开弓没有回头箭，当课堂教学改革走到今天，我们只能往前走，探索符合课改理念的教学之路。

‖ 第四章 ‖
语文教学的变革——一个绕不开的话题

一、语文教学：是改革还是回归

新课改十多年了，十多年的新课改之路走得并不平坦，一路跌跌撞撞、十分艰难。尽管课改取得了许多成果，新课改之后，我们的课堂教学也发生了许多可喜的变化，但是，新课改也出现了这样那样的问题，正由于此，对新课改的各种怀疑，对课改的否定也就随之产生。最近，西北师范大学教授靳健《谁在扰乱我们的语文课堂教学》一文，对语文新课改提出了尖锐的批评。他认为当前语文课堂教学出现的诸多问题都是因为课改设计者没有一线教师的教学实践经验，都是借鉴西方的教育理论，没有深入调查研究，是一些所谓的专家学者坐在房子里臆想出来的。许多一线教师也持相同或者相似的观点。在教育教学实践中，我们的许多教师还是在原有的教学中徘徊，他们裹足不前，对新课改不认同，不看好。许多一线教师把课改看作是理想化的产物，是不切合实际的空想。因此，他们推行新课改的积极性不高，实施的效果自然也就不明显。还有一些教师因为对课改认识不深不透，在课改中常常剑走偏锋。他们把合作探究看作是课堂教学改革，在课堂教学中大量采用分组等形式，以为这就是课改。他们不知道分组是形式，真正意义上的课改不是形式上的，而是理念上的。

以学生为主体还是以教师为主体是课改的试金石。课堂教学改革无论采取什么形式，根本的一点就是要凸显学生在教学过程中的主体地位，发挥学生在学习的过程中的主体作用。因此，无论是什么样的课堂教学改革，都应该把学生的学习放在首位，真正将以学生为本的教育思想落实到位。

课堂教学改革，人的观念的转变具有决定性作用。观念的转变一方面需要我们的教师不断学习新知识、新的理论，用全新的理论去烛照我们的课堂教学，反思我们课堂教学中出现的问题。同时，我们还需要在我们的教学实践中开拓创新，大胆实践。

（一）语文课改必须以观念转变为先导

课堂教学改革既是方式方法的改革，更主要的是观念的改革。教师的教育观念左右着课堂教学改革。没有观念的改变就没有行动的转变。转变观念，我们就必须了解课改的来龙去脉，了解课改的理论基础。现代的、后现代的教育理论、文学理论等都需要我们的教师去学习。同时，观念的转变还需要我们在教学实践中不断地去探索，在改变我们的课堂教学中认识课改、理解课改。只有我们将课改付诸实际行动了，我们才能发现问题，然后才能积极主动地想办法去解决问题。摸着石头过河，对于语文教学改革来说也是如此。

许多人认为课堂教学改革是理想化的产物，认为课改的理念大多来自西方，是对西方理论的照搬。他们认为新课改在我们这里有点水土不服。确实新课改的理论来自西方，但是我们不能因为来自西方就认为水土不服。马克思主义也是来自西方，但是经过中国化以后不是也很好地指导着中国革命走向了成功吗？因此，我们不能因为新课改从西方的理论中脱胎出来就否定新课改的价值。其实，课改是现实的需要，也是经过几十年的课堂教学人们对现有的课堂教学进行深刻反思的结果。钱学森之问引发了人们对当前教育教学的反思。过去，我们因为把知识当作教学的最终目的，认为让学生学会知识、掌握知识就是完成教学任务。我们却没有从学生学会思索、学会学习这个角度来思考我们的教学。而新课改正是从这个角度来考虑我们的教学改革，应该说是顺应时代发展的要求。

语文教学必须对时代的要求做出回应。过去那种以知识为目的的教学已经不符合时代发展对人才的需要。信息时代需要能够创造知识的创新型人才，而这样的人才的培养需要激发学生的创造潜力，激活学生的思维。创造性、思维性是创造型人才培养的核心。

审视今天我们的语文教学，尽管在许多方面做出了改变，但是根本的方式并没有发生变化。许多教师还是抱着原有的对教学的认知，在原有的教学框架内思考我们的教育。他们不想改革，不愿意改革，也不敢改革。深怕教学改革给自己的教学带来麻烦。我们许多教师还在原有的人才观中徘徊，还仅仅从知识传授这个角度来认识教育，还把学生当作知识的容器，他们尽量想给学生更多的知识。他们还是在给学生教知识，而不是用知识教学生。他们不知道在这样一个信息化的社会，知识的获取渠道非常之多。学生仅仅掌握知识还远远不够，我们还需要发展学生的能力，培养学生获取知识的能力和提高学生思维的能力。如果我们没有给学生获取知识的能力，那么我们给学生再多的知识也是徒劳的。

转变教学观，首先就是树立以学生为本的思想。课堂教学改革需要教师转变观念，从教师的"教"转变到学生的学习上来。

我国古代伟大的教育家都非常重视学生的学，他们都特别强调以学生为本的教学理念。孔子提出了"三人行，必有我师焉"的主张。孔子的这一教育思想，为我们的合作学习提供了理论上的支持。合作学习就秉持着相互学习，彼此启发，达到共同进步发展这样的教育理念。朱熹也说："读书是自家事，他人代替不得。"所有这一切，都为我们的语文学习和语文课改指明了方向。

对语文这样的课程，我们不能一味地去讲解、去分析，更多的是要让学生自主阅读、自主思考。所以教师不能越俎代庖，要在课堂教学中放手让学生自主学习、自主阅读、自主感悟体验。对此，宋代伟大的教育家朱熹有很深刻的认识。朱熹在儿童启蒙读物《童蒙须知》中明确提出，"大抵观书先须熟读，使其言皆出于吾之口。继以精思，使其意皆若出于吾之心，然后可以有得尔"。出于吾之口，出于吾之心，要达到这样的阅读境界，非经过学生的阅读与思考不可。熟读精思都是建立在学生自主学习的基础之上。没有自主性，也就没有真正语文学习的发生。

首先，教师要对语文的实践性有深刻的认识。语文是实践性的课程，语文的实践性不仅是让学生看书、写作，更主要的是通过语文实践活动，将语文知识内化为学生的认知结构的一部分，成为学生的语文能力。但是，许多教师受到传统教育的影响，他们不知道放下架子、放下身段，来和学生一起学习，一起进步。他们还是牢牢抓住课堂不放手，他们在课堂教学中还是以知识拥有者自居。他们还是在课堂教学设计上下功夫，做文章。他们不敢放手，也不愿意放手。他们看课堂教学还是看教师的表现，看课堂有没有出彩的地方，教师讲解得深不深，透不透。他们不知道教师讲解得多么深刻，对学生来说，如果没有他们自己的阅读，没有自己的体验，这样的讲解始终和学生之间有一种隔膜，这种隔膜也许只有通过学生的自主阅读才可以消除。

其次，教师要改变自己的知识观。传统观念中知识是客观的，是需要学生死记硬背的东西。现在，我们的老师虽然不主张死记硬背知识。但是，他们还是通过各种方式和方法千方百计让学生掌握知识，而且这些知识是以真理的方式让学生接受，常常忽视了学生在学习过程中的独特的体验、感悟和认识。

其实，学习知识是一个积极主动建构的过程。经过知识建构的过程，学生的思维水平得到提高，学生的认知结构得到改变。

许多老师并没有真正认识到这一点，他们课堂教学的目的就是为了学习知识，为了让学生掌握知识。正是从这样的观念出发，我们的教师才确定需要讲解的内容，在课堂教学中去让学生接受。我们的教师才设计那样的教学过程千方百计让学生理解。许多时候，我们的教师为了达到自己的教学目标，用尽了浑身的解数，但是学生就是不领情。学生始终和教师不在一个频道上，很难发生同频共振效应。

传统课堂教学的知识观就是把知识当作确定的东西，在课堂教学中来传授。所以，一个字词，要让学生记住；一个语法知识要让学生记住。这样学生记住了一大堆死的知识，却不知道如何去运用。知识是学生自我建构的，知识的建构需要教师营造良好的环境，让学生在具体的语境中去感悟、体验。需要学生在此基础上内化，成为他们认知结构的一部分。知识不但在充分理解的基础上建构，而且还需要在合作中来建构。知识的建构主要是自我建构。合作、交流、教师的讲解等都是促进学生知识建构的外部推力。知识的建构是过程性的，是一个不断丰富、不断完善的过程。因此，过程性是知识建构的必由之路。我们要让学生经历知识建构的过程，知识丰富的过程。有没有这个过程，是检验课堂教学有效与否的关键。

（二）教师的素质提升是保障

当前，尽管我们对课堂教学理念、课堂教学方式和方法进行革新，我们的各级政府部门也非常重视教师的培训工作。但是，我们的广大一线教师却并不认同。一个根本的原因就是我们的教师学习的积极性不高，内在的学习动力不足。课堂教学首先革新的不是教学理念，不是教学方法，而是教师的素质，是教师的知识和能力。如果我们不从根本上提高教师的素质，那么我们的课堂教学改革也就是一句空话，而且，只能是一句空话。

课堂教学的关键在于人，在于我们的教师。其实，作为一个高素质的教师，一个解读文本能力很强的教师，当他们拿到一个文本，他们就会对文本有一种教学敏感，就像语感一样，有一种直觉思维在里面。教学敏感一方面是教师在教育教学实践中长期形成的，也是教师在对文本的透彻的领悟与把握中形成的。所以，一个教师只要他的观念转变了，他有这样的教学敏感，那么，他即使不设计自己的课堂教学，走进课堂，打开文本，也能够从容自如去教学。而我们许多教师缺乏教学敏感，缺乏必要的教学观念，他们的课堂总是脱不了传统课堂教学的窠臼。关键原因就是他们的素质不过关，他们解读文本的能力严重不足。他们缺乏对文本透彻的解读。因此，课堂教学中他们才显得那样局促，放不开手脚，始终牵着学生的鼻子走。

我们的一线教师之所以否定课改，认为课改是理想化的产物，就是因为他们的素质不能适应课改，他们在课改面前产生不适应证。

新课改对教师提出了很高的要求。过去一个教师不读书不学习可以教学一辈子，但是现在不行了。课堂教学重视学生主体地位的凸显，重视学生主体作用的发挥，但是并不等于不需要发挥教师的主体作用，相反，教师的作用比之以前更加突出。教师的素质高，他就能从容应对课堂中出现的各种问题，他就敢于放开学生的手脚，他就能从容去驾驭那些开放的课堂教学，应对开放课堂中出现的各种情况。

由此可见，对语文教师来说，语文教师的素质首先就是文本的解读能力，其次就是写作能力。我们许多教师的文本解读能力严重不足，许多教师离开教学参考书就寸步难行，许多教师只能照本宣科，许多教师不敢去面对学生的问题。可以说，教师对文本的解读能力强，教师的课堂应变能力才能强。教师的教学视野，教师的课堂驾驭能力，都是建立在教师对文本的深刻解读的基础之上，没有教师对文本的深刻解读，就没有自由的开放的课堂教学。

新课改的课堂教学更开放、更自由，学生更有发挥的余地。许多时候我们将课堂教学交给学生，但是，教师自己却不知道做什么，如何做，就是因为我们教师对文本没有吃透，教师对文本的理解和认识还不到位。结果学生提出的问题，学生回答的问题等他们都不能从容地去应对。他们也不能从学生的一些问题中发现有价值的信息，或者不能从学生看似无价值的问题中寻找到有价值的信息，或者从学生的回答中不能提取出有价值的信息。他们不能延伸，不能拓展。结果是学生活了，课堂却死了。

教师的教建立在学生的学的基础之上，如果教师没有很高的课堂驾驭能力，没有很强的文本解读能力，对学生的认识不能高屋建瓴，教师很难发挥自己的作用。这就是我们许多教师为什么不敢放开学生、不敢放开课堂的真实原因。放开等于放羊。因此，当前制约课改的最大因素就是教师，任何时候人的因素都是第一位的。许多所谓的课改是理想化的产物的论者主要的一个理由就是教师的素质还没有达到课改需要的水平，教师的素质还不能适应课改的需要。

二、从语文课程的特点出发，从语文学习的特点出发，寻找语文改革的路径

任何学科都有学科的特点，教学也不例外。语文教学必须要考虑

语文学科的学科特点。那么语文学科的特点是什么呢？我认为就是语文的实践性。语文是一门实践性很强的课程。要真正学好语文，掌握祖国的语言文字，非要让学生进行大量的语文实践不可。语文的实践离不开学生的听、说、读、写这四个方面，因此，语文教学就应该从这四个方面入手，加大学生实践的力度。语文的实践性决定了语文教学必须采取合作探究性的学习方式。我们知道对于文本来说，不同的人因为他们的生活阅历，他们的思想境界、认识水平、阅读经验等不同，他们阅读文本产生的想法认识也不相同。因此，语文教学就是要充分重视学生的自主阅读活动，重视学生在自主阅读活动中的认识、感受和想法，并且把这作为语文教学的基石。合作学习就是将自己阅读文本中的认识、感受、困惑等拿来与别的学生分享、探讨、交流，通过这样的活动，提升自己的认识。

过去，我们只是重视教师的讲解，文本的学习来自于教师对文本的认识，或者是来自于教学参考书上的认识。教师的目的就是要把学生提高到自己预设的水平。这样的教学目标有些超过了学生的认识水平，学生很难从教师的讲解中有所收获。对文本，我们必须从学生的认识出发来进行教学，教学就是对学生认识的一种拓展、延伸、深化、升华，而不是以教师的预设来教学。学生没有对文本的深切的体验和感悟，很难认同教师的这种"说教"。其结果就是学生产生畏难情绪，产生厌学情绪。

语文教学的对象是学生，语文教学的最终目的也是提高学生的语文素养，因此，我们的教学不能不从学生的生活实际和思想实际出发，从学生的认识实际出发来进行。我们的语文教学的预设也不能仅仅从教师的预设出发，而应该把学生的认识纳入到我们的教学过程之中，我们语文教学的基础建立在学生的自主学习的基础之上，课堂生成从学生中来，到学生中去。这样才能真正使每个学生都能有所收获。课堂才能真正变成学堂。

钱梦龙老师认为："让学生实实在在地接触文本，实实在在地触摸语言，实实在在地学会读书和作文（包括听和说）。"语文教学的"正道"，就是通过范文的教学和读、写、听、说的训练来培养学生正确理解和熟练运用祖国语言文字的能力（百度词条）。可见，语文教学就是要让学生实实在在地和文本接触，实实在在地触摸语言。语文教学如果没有了学生与文本的亲密接触，没有了阅读活动在课堂中真实的发生，浮光掠影，蜻蜓点水，一篇课文学完了，学生只是笼统地知道了文本的大意，没有对文本中语言文字的切身的体会，那么，我们的语文学习也就没有多大的效果，学生的语言能力也就不会有多大的提高。

三、从提出问题入手，凸显学生主体地位，发挥学生主体作用

问题性是探究教学的基础，没有问题也就没有探究学习的发生。美国教育绿皮书把探究性能力视为基础教育需要掌握的八种基本学习技能，认为语文课程应该点燃学生智慧的火花，让阅读教学独立地探讨文学著作和学生固有之经验，为此，要培养学生独立阅读、热心探究以及批判性阅读等行为。因此，从问题入手，把提问的权力教给学生，改变目前教师提问学生回答的教学模式，就成了我们进入课改的一个抓手。

孔子曰："不愤不悱，不启不发"，这是就语文学习的两种状态来说的。对于语文教学来说，让学生处在一种"愤"与"悱"的状态，才能使他们有一种主动探究的欲望。而"愤"与"悱"的状态只有在阅读活动中产生。传统的课堂教学总是教师设计问题，学生回答思考。这样看起来提高了课堂教学效率，教学更有针对性，但是，带来

的负面影响也是不容忽视的。首先就是学生没有问题意识，不知道在阅读中提出问题。其次就是学生的阅读过程不思考、不探究，走马观花。因为他们不需要思考，他们思考的问题教师将会在课堂上给他们讲解。长期这样下去，学生必然不会阅读，不会思考。所以，语文教学首先就要摒弃那种师问生答的教学模式，摒弃那种教师设计课堂教学过程，学生跟着教师的教学过程来完成课堂教学过程的做法，把课堂真正还给学生，特别是把提问题的权利还给学生。教师终究是要放手的，老是牵着学生的鼻子走，老是把课堂掌控在自己的手里，这看起来教师尽职尽责，其实是在很大程度上害孩子。语文教学的实践，首先是学生自主阅读文本，自主获得对文本的认识。特别是学生有了一定的阅读能力之后，更是如此。

高效的语文教学必然是学生积极的主动探究的教学；是学生的思维能力得到最大张扬的教学；是学生的思考力得到最大培育的教学。当前，我们语文教学的弊端不是别的，就在于我们的语文教师还固守传统的教育观念，还在课堂教学的预设上下功夫，没有考虑从学生的角度来进行课堂教学改革。所以，尽管课改十多年了，尽管我们大家都在进行课改，尽管近年来随着课程改革的深入推进，教师提升学生的主体地位的意识明显增强，在课堂教学过程中学生也有了一定程度的主体地位。但是就整个语文教学来说，则显得还很不够。

从当前的学生状况来看，学生缺乏问题意识，没有探究的欲望，对语文学习没有兴趣。我们把提出的问题交还给学生，让学生在自主阅读中提出问题，然后，让学生合作筛选问题，把一些有价值的问题筛选出来，最后师生一起合作探究这些问题。这样就抓住了语文教学的牛鼻子。实践性、主体性就在这样探究性阅读的过程中凸显出来。

因此，问题从学生中来还是从教师中来，看起来只是一个简单的问题，但是体现出来的是不同的教学理念。问题从教师中来，说明我们的教学还是没有真正摆脱教师为主导的课堂教学。问题从学生中来，则从根本上转变了教学方式，在很大程度上凸显了学生为主体的教学理念，其教学的效果是不一样的。

教师把问题呈现给学生，然后让学生思考回答问题。这样看起来简化了教学程序，提高了教学效率，也在很大程度上避免了让学生走弯路。但是，这种教学由于学生处于被动地位，不能掌控课堂教学的局面，所以，学生的主体地位很难在这样的教学中得到体现。

四、正确认识应试教育与素质教育的关系

提到课程改革，我们往往会想到应试教育，想到每年一度的高考。高考不但牵动着千万家长的神经，也牵动着千万学子的心。许多人认为，当前课堂教学改革不能深入进行的根本原因是应试教育，是高考。人们把课堂教学改革的希望寄托在高考改革上。高考与应试教育不能划等号。高考改革也不能与教育改革划等号。

从 2001 年开始新课程改革，到现在已经有十几个年头了。在这十几个年头里面，我们的新课程改革不可谓不热闹。我们推出的理论，我们推广的模式也不能说不多。可以说各种理论，各种模式纷纷粉墨登场，轰轰烈烈。但是，真正让一线教师实施起来得心应手的，真正能够培养学生的创新意识和创造性思维能力的还不多，真正能够激发学生求知欲望和探求精神的教学还不多。能够真正将教师从传统的教学之中拉到现实的模式之中，拉到课改之中的，似乎还不多。尽管有许多课堂教学模式，比如生本教育、诱思教学法、洋思教学法、学案教学法等新的教学方法得到了广泛的传播，为我们的教学改革提供了广阔的思路，但是这些模式由于受到各方面因素的影响，并没有取得理想的效果，无效的语文教学还充斥着我们语文课堂教学。其中

的原因自然是多方面的，关键还在我们的课改还没有走出一条真正有效的提升语文课堂教学效率的道路，没有探索出有效发挥学生主体作用的方式和方法。我们的教学改革还在原有的教学模式中徘徊，我们教师的思维还没有跳出传统教学的窠臼，旧瓶装新酒，也就在所难免。

应该说，这次课程改革是一次彻底的、具有革命性的改革。但是，我们教师却认识不到这一点。许多教师抱残守缺，不敢越雷池一步。受传统教学惯性影响，他们的教学常常不敢放手，也不愿意放手让学生去做，没有真正在教学中去体现学生的主体地位，教师的霸权地位很难撼动。许多教师观望等待，不愿意带头改革试验。特别是在应试教育的大环境下，他们深怕课程改革给他们的教学质量带来影响。还有些教师对课程教学改革的理念认识不深、不透，把合作学习仅仅看作是分组讨论，至于为什么要合作学习，合作学习背后的理论基础是什么？他们一知半解。对课程改革深层次的东西不做探究，也不做思考，只是在表面上做出来给人看看而已。这样的新课程改革不但起不到应有的效果，而且是对课程改革的一种严重损害。因此，从这个意义上来说，课改首先来自我们教师的阻力。教师的教学理念，教师的专业素质和业务素质以及传统教学的惯性使我们的教师在教学中很难适应课程改革的要求，也很难从容自如地去应对课改中出现的这样那样的问题。

我们知道任何阅读都是个性化的阅读，都要结合他们的生活体验、生命体验。学生能阅读到什么，折射的是他们的认识与感受能力。语文教学就是要促进学生这种个性化的阅读的发生。一方面，我们要通过阅读教学丰富学生的感受生活的能力，培养他们认识生活的能力，并进而培养起他们的思维能力。过去，我们的语文教学只重视分析讲解，重视让学生理解教师的分析讲解，力争让学生和教师发生共鸣。但是我们却忽视了学生和文本之间发生的共鸣，我们没有充分地挖掘这种资源作为我们教学的资源，我们漠视学生的认识和感受。其结果是教师讲授的学生似懂非懂，学生自己的也停留在表象上，教师没有进一步去引导。久而久之，学生的思维能力得不到很好的培养。

传统课堂教学总是在教师所设定的教学框架内进行，课堂教学就是围绕教师的教学设计展开。我们不是现在还追求所谓的课堂教学的艺术吗？我们把课堂教学当作一门艺术来经营吗？我们却忘记了课堂教学的目的是什么。当我们把课堂教学仅仅看作是一种表演，看作是为了完成教师的教学设计，为了让学生理解教师所授的内容的时候，我们学生的主体地位相应也就丧失了。我曾经就课堂教学是一门艺术提出了质疑。我认为，新课程改革将学生的主体地位放在了很重要的位置。既然如此，教师就不应该将课堂牢牢地掌控在自己的手中，应该给学生充分自主学习的时间，而且就语文教学的实际来看，语文是一门实践性很强的课程，语文的实践性一方面体现在阅读实践，也就是阅读活动的发生。作为一种阅读教学活动，这种实践性还需要学生在阅读的过程中思考文本。实践不仅仅是一种阅读行为，更是一种思考行为。阅读教学首先是要有学生的阅读活动存在，没有学生的阅读活动，我们的阅读教学就成了无本之木，无源之水。因此，语文教学如何让学生与文本充分接触，如何让学生的阅读活动具有效力，这应该是语文教学首先考虑的问题，教师的教学活动是建立在学生阅读活动的基础之上。阅读教学我们不能把它当作一门艺术来经营，而应从学情出发，把学生的学放在首位，真正以学定教。

当然，学生在阅读活动中必然会产生这样那样的问题，这些问题，在平时的教学中都是由教师提出来，或者学生虽然有许多问题，但是因为教师要讲解，他们也就没有了要提问的意识，他们的有些问题也就成了永远的问题。因此，在学生的阅读活动中，让学生提出问题，记录下他们的疑惑，这是我们语文教学的第一步。但是，我们的语文教学恰恰在这个方面出现问题。我们说的语文教学的过程性，我们重视的是教师教学的过程，而没有重视学生的学习过程、阅读过程、思考的过程。而学生学习的过程，才是语文教学过程性的本质。

第五章

语文探究教学的内涵

美国教育绿皮书把探究性能力视为基础教育需要掌握的八种基本学习技能之一，认为语文课程应该点燃学生智慧的火花，让阅读教学独立地探讨文学著作和学生固有之经验，为此，要培养学生独立阅读、热心探究以及批判性阅读等行为。

当前，课堂教学改革面临许多困惑，许多教师都在课改的十字路口徘徊。我们如何才能突破课改瓶颈，从现有的课改中走出一条路来？这就需要我们对目前课堂教学中的合作探究教学进行深入研究，把合作探究教学作为课改的突破口，让合作探究教学真正在我们的课堂教学中得到落实。

什么是探究教学？探究教学的本质是什么？我们如何引导学生进行探究性学习？探究性学习与一般的学习有什么区别？凡此种种都是我们研究的重点。就目前来说，尽管合作探究教学得到了普遍使用，但是，许多教师对合作探究教学的使用还有许多问题，特别是对合作探究的认识还存在许多误区。他们更多的是从形式上来理解认识合作探究教学，而没有从本质上来认识合作探究教学。也因此，探究教学在实践的过程中出现这样那样一些问题。我们只有对探究性学习做出科学的界定，我们才能去构建有效的探究教学的模式。

一、探究性学习的内涵

那么什么是探究教学呢？工欲善其事，必先利其器。对于探究教学，人们给出的概念千差万别，有些把探究学习与研究性学习相提并论，两个概念相互使用。我们习惯于使用探究性学习。我们认为探究性学习与研究性学习还是有区别的。探究有明确的指向性，研究则较为宽泛。

美国《国家科学教育标准》对科学探究做出了如下的定义："科学探究指的是科学家们用以研究自然界并基于此种研究获得的证据提出种种解释的多种不同途径。科学探究也指学生们用以获取知识、领悟科学的思想观念、领悟科学家们研究自然界所用的方法而进行的各种活动"。可见，探究就是一种学习活动，既要获取知识，又要体验获取知识的方法。新课改也把获取知识的方法作为学生的一种基本的学习方法。

我国的教育研究也给探究性学习下了许多定义，代表性的主要有：

探究性学习是一种积极的学习过程，主要指的是学生在科学课中自己探索问题的学习方式[1]。

探究性学习，亦称发现学习，是指人通过对自然、社会现象或文字材料的观察、阅读，发现问题，搜集数据，形成解释，并对这种解释进行交流、检验与评价的过程[2]。

另外一些研究者使用了"研究性学习的概念"，尽管用词不一，但其内涵上有许多相似之处。

上海市教育科学研究院的张肇丰老师就使用研究性学习概念，他认为，研究性学习，是指学生在教师指导下，以类似科学研究的方式

---

① 陆璟，上海市教育科学研究院智力开发研究所。

② 文喆，《人民教育》2000 年第 12 期。

去获取知识和应用知识的学习方式。

另外，胡兴宏发表在《上海教育科研》2000 年 1 期上的有关探究教学的文章，也使用研究性学习这一概念。他认为，所谓研究性学习，广义的理解是泛指学生主动探究问题的学习，在目前的实践中，主要是指学生在教师指导下，以类似科学研究的方式去获取知识、应用知识、解决问题。这种学习方式通常要围绕一个需要探究解决的特定问题展开，所以又称之为'主题研究学习'。"①

上海市特级教师程红兵老师也使用研究性学习这一概念，程红兵认为"所谓语文研究性学习是指在语文教学中，学生主动探求问题的学习。学生在教师的指导下，以类似科学研究的方式去研读课文等语文现象，掌握规律，获取知识，调查了解社会，深入研究，应用有关知识去寻求相关原因，去解决实际问题的活动。

后现代主义课程专家指出："适应复杂多变的 21 世纪的需要应构建一种具有开放性、整合性、变革性的新课程体系。课程不再只是特定知识体系的载体，而成为一种师生共同探索新知的发展过程；课程发展的过程具有开放性和灵活性，不再是完全预定的、不可更改的。"他们认为，语文探究性学习有三个特性：主体性、研发式、全员性。

苏霍姆林斯基认为，研究性学习法，就是让学生进行独立的脑力劳动，是学生在教师指导下的一种主体性的认知过程、表达过程和操作过程；是一种独立思考、独立分析、独立判断和解决问题的过程；是一种在"脑力"作用下完成的艰苦的、复杂的、创造性的活动，体现出学习活动的主体性和能动性。由此可见，苏霍姆林斯基的研究性学习，也是一种探究式学习，名称不一，其实质是一样的。

华东师大教授叶澜说："没有学生学习的主动性，教育就可能蜕变为'训兽式'的活动。"学习是一种挑战。教师应该转变教育观念，

---

① 胡兴宏，《上海教育科研》2000 年第 1 期。

给孩子一个空间，让他自己往前走；给孩子一个时间，让他自己去安排；给孩子一个条件，让他自己去锻炼；给孩子一个问题，让他自己去找答案；给孩子一个困难，让他自己去解决；给孩子一个机遇，让他自己去抓住；给孩子一个冲突，让他自己去讨论；给孩子一个对手，让他自己去竞争；给孩子一个权利，让他自己去选择；给孩子一个题目，让他自己去创造。

苏霍姆林斯基在《给教师的建议》中指出，"学生学习的一个突出特点，就是他们对学习的对象采取研究的态度"。

从以上概念可以看出，尽管专家给出的定义千差万别，但是我们还是能从中获得一定的信息。首先，探究性学习是一种学习活动，而不是一种研究活动。其次，这种学习活动不同于别的活动的特点是以一种探究的方式来进行的学习活动。最后，探究性学习重视学生的独立思考，独立学习，是一种主体性的学习活动。

我们可以吸收别人的研究成果，但是决不能步别人的后尘，不能在对别人的东西没有理解的基础上就拿来使用。我们必须要在深刻领会其内涵，把握其真谛，并且将之内化成自己的东西的基础上来使用，这样才能真正在实践中理清自己的思路，找到研究的方式和方法。

那么探究教学的内涵是什么？什么样的教学才是真正的探究教学？我们怎么理解探究教学中的"探究"二字？这些都是我们需要深入思考的。根据我们的教学实践，我们认为：

（一）探究性学习是与科学研究中的探究既有区别又有联系的一种学习方式

作为一种教学活动，探究性学习与科学研究活动是有区别的。探究性学习不是搞科学研究活动，而是带着研究的目的，用研究的方式和方法对文本所做的一种学习活动，它是一种学习活动。明白了这一点，我们的研究工作就好做了。我们思考的问题就是如何让学生来探究文本，如何让学生在探究中学习文本。

我们认为，作为一种教学学习活动，探究教学比之于其他学习活动有许多的优越性。在教学实践中，我们研究使用合作学习的多，但是实施探究教学的却很少。其中的原因是多方面的，有一个原因就是我们对探究教学的认识产生误区。许多时候我们之所以不敢或者不愿意去实施探究性学习，根本原因就是对探究学习在认识上出现了偏差，将探究性学习与科学研究的探究活动相混淆。一说到探究，就和科学研究活动联系在一起，似乎探究学习和科学研究是一回事。其实不然，作为探究教学，首先它是一种学习活动，是一种活动教学。探究是活动的一种方式，不过，它的学习活动方式是一种探究性的。明确了这一点，也就会明确我们整个探究教学的根本。

（二）探究教学是以问题为中心的一种活动教学

问题性是探究教学的核心。发现问题，研究问题，这是探究教学的基本理路。因此，培养学生发现问题的能力和解决问题的能力就成为我们探究学习的重要内容。怎么样让学生发现问题？这是探究教学需要解决的。许多时候，我们教师提出问题，然后让学生思考问题，尽管这样省事，但是也存在许多弊端，就是学生不愿意再去发现问题、提出问题。学生上课的任务就是为了解决教师提供给他们的问题。而大多数情况下，这些问题又有明确的问题指向，答案都是教师预设好的，教师总是尽量将学生引导到正确答案上来，结果，时间长了，学生探究问题，回答问题不是将自己思考的结果展示出来，而是思考揣摩教师的标准答案，也就是教师需要得到的答案。

因此，放开课堂，放开学生，将提问的权力交还给学生，是探究教学的根本和核心，没有问题就没有真正意义上的探究教学。问题是探究教学的前提。探究兴趣、探究的欲望等的激发离不开他们在阅读过程中提出的问题，没有在阅读过程中提出问题，也就没有真正意义上的探究性学习。

我们先来看这样几个故事，在这些故事之中，对我们的语文探究教学会有许多启示。

到爱迪生这里面试的青年人很多，但是，爱迪生满意的却很少。爱因斯坦问其中的原因，爱迪生递给爱因斯坦一个写满许多问题的纸条说："能回答出这些问题的人，才有资格当我的助手。"爱因斯坦读了其中几个问题，并且回答这些问题需要查阅相关资料。显然，爱迪生并不满意爱因斯坦的回答方式。爱迪生需要的是那种具有探索精神的人，而不是只会寻找答案的人。

爱因斯坦从自己的切身体验出发，知道不能死记住一大堆东西，而是要能灵活地进行思考。

爱因斯坦认为，正确地进行思考，是追求机会至关重要的条件。

爱因斯坦非常重视思考和想象。他说："想象力比知识更重要。因为知识是有限的，而想象力包括世界上的一切，推动着进步，并且是知识进化的源泉。"他在 16 岁时，喜欢做着白日梦，幻想着自己正骑在一束光上，做着太空旅行，然后思考：如果这时在出发地有一座钟，从我坐的位置看，它的时间会怎样流逝呢？

从这样一个故事中，我们获得什么启示呢？一个不会提出问题只会提供一大堆答案的人，不会是一个创造性的人才，也不会在科学上有什么成就。只有那些善于提出问题、善于思考问题的人，才是真正的具有创造性的人才。爱因斯坦看中的不是学生知道多少，而是他们究竟能够提出什么问题。提出问题，是一个创造性人才必备的基本素质。那么提出问题的能力从哪儿来，我想就从我们的教学中来，我们的语文教学就应充分地去培养学生的问题意识，让学生在问题情境中来学习语文知识，获得语文能力，提升语文素养，从而从根本上培养他们的思维能力。

我们发现，无论是生本教育还是杜郎口中学的教学模式，他们虽然非常重视学生的自主学习，重视学生主体作用的发挥，但没有重视学生发现问题能力的培养，学生的自主学习在某种程度上受到了限制。

同时，我们在教学实践中发现：许多教师之所以不能放下自己的教学思路，不能从学生这个角度来设计自己的教学，其根本原因还在于他们没有摆脱标准答案的束缚，没有从自我的阴影中走出来，没有从传统的认识中走出来。他们还是要将自己的认识拿来规范学生的认识。这样，限制了学生的思维，束缚了学生的手脚，也使得学生的思维能力、创新能力严重不足。久而久之，学生也就对自己失去了信心，同时，对教师也有了依赖心理。学生的自主学习的意识和动力严重不足，这在一定程度上导致了我们课改的失败。

就探究教学来说，提出问题是探究问题的前提。学会思考、学会提问是我们素质教育的重要内涵。正如赞科夫指出的："只要学生能提问题，这就是重要的条件之一，它有利于形成和巩固学生对学习的内部诱因。单纯地听教师讲课不能充分发动学生的精神力量……只有学生自己发觉在对教材的理解上还有这样或者那样的衔接不上的地方时，他们求知的渴望才会产生和增长起来。当某些不相符合的地方引起学生的警觉，当他们还感觉缺少某些成分才能使知识相互吻合的时候，这就是好事。"

因此，从探究性学习这个角度来看，教学需要从问题意识的培养做起，让学生在自主阅读文本的过程中，充分思考文本，提出他们不懂的问题或者认为重要的问题，或者他们产生疑问的问题。我们只有解决了这一步，才能从根本上解决对文本探究性学习的问题。

当然，提出问题是一个方面，解决问题是另一个方面。要让学生学会用探究的眼光看问题，这是探究教学的核心和实质。有了问题只是成功的一半，我们还要会研究问题。要有资料意识，要知道通过资料来说明问题，解答问题。同时，问题的解决需要学生在合作中来完成。要重视吸纳别人思考结果为我所用。通过与别人的合作交流开阔思路，丰富自己的认识，完善自己的认识。没有自主合作学习，探究性学习也就会大打折扣。

对于中小学语文教学来说，资料意识就是从文本中来寻找自己观点的支撑点，要学会分析、学会逻辑推理。这也需要我们的教师在平时的教学活动中不断地去培养。我们不但要让学生在文本中发现问题，更要引导学生深入研读文本、探究文本，寻找问题的答案。

（三）探究教学是以学生的自主学习为根本，以学生的合作探究为基础

探究活动是人的一种主体活动，要充分地发挥每个学生的主体作用，让每个学生都能在这个过程中建立起自己的认识，进入到探究的状态。探究性学习首先要建立在学生充分自主阅读文本，自主探究文本的基础之上，没有了这一点，探究教学也就失去了最根本的东西。

当然，单是有学生的自主学习还不够，还必须要经过合作交流，升华深化学生的认识。由于学生的思想认识、思维能力、他们的生活阅历、人生经验等都严重不足，学生要真正走进作家的内心世界，走进文本，体验到文本内在的东西，并不是一件容易的事情。文本是作家成熟的思想的结果，要让学生真正地认识文本，走进文本，仅仅靠学生的自主学习还远远不够；仅仅靠教师的讲解也不行，更主要的还是要发挥集体的智慧，发挥合作学习的作用。学生通过合作学习，彼此交流，相互启发，达到对文本的进一步深层次的认识。同时，这种认识也构成了我们教学的重要资源，成为学生认识的生长点，也是学生发展的基点。因此，探究性学习必然和合作学习相辅相成，相互促进。我们的探究学习是合作中的探究学习，也是探究中的合作学习。

（四）探究性学习是一种有效的学习方式

我们说的有效教学主要指的是学生学习的有效性。我们的教学对学生的影响的深浅，学生思维能力和语言能力发展的快慢都是有效教学考量的。任何教学的指向都在学生，都与学生的生命成长、与学生各方面能力的发展有密切的关系。对于语文教学来说，学生的语言能力的发展和思维能力的发展都是核心。只要有利于学生的语言能力的发展和学生思维能力的发展的，就是有效的，否则，就是无效的。而要做到这两点，就必须要让探究性学习成为语文教学的常态，让探究成为学生学习的习惯。

目前，从上到下都在提倡高效课堂，各学校都在建构自己的高效课堂教学模式。探究性学习是最有效的一种学习方式。探究学习作为学习的高级方式，他不是对文本的一些表象的理解和认识，不是停留在一些细枝末节的问题上，而是对文本深层次问题的探索，是对文本所做的深刻的解读，它必然会促使学生去思考、去探索，促使学生对文本做出深层次的解读。因此，从这个意义上来说，探究教学必然在最大程度上调动学生学习的主动性、积极性，从而提高学习的效率。探究学习是对学生思考力的一种挑战，也是对教师教学的一种挑战。它需要我们教师具有很高的素质，需要教师对文本做出深刻的解读，能够引领学生走入到文本的深处，洞幽烛微，使学生学习完文本以后，不但在感性上对文本有一个全面的体验和感受，还能从理性上对文本做出自己的解读和认识；让学生从欣赏阶段到审美判断阶段，使他们对文本的认识有质的飞跃。

（五）探究性学习是合作学习的高级学习形式

作为两种不同的学习方式，探究学习更强调的是探究，也就是带着问题来学习，通过探究的方式来解决问题。而合作学习更强调的是合作，相互之间合作起来进行的一种交流探讨活动。探究教学可以有合作的成分。比如，我们可以把需要探究的问题交给全班同学通过合作的方式来一起进行探究性学习。这种学习方式我们称之为合作探究性学习。合作学习和探究学习都是在学生自主学习的基础上来进行的。合作学习的课前学习主要是对文本的一种前理解、前认识，探究教学更多地应该放在对问题的提出和思考、探索与研究之中。比如我们可以让学生通过自主阅读文本，让他们提出一个自己需要解决的问题。探究教学重点在培养学生的问题意识，使其掌握一些基本的探究方法。

许多时候，我们没有将探究性学习与合作学习结合起来思考。作为合作学习来说，我们更多的是从形式上来思考，也就是说我们更重视学生分组，合作交流这种形式，而没有重视在合作交流过程中深入探究，合作学习常常停留在合作交流层面。而作为探究教学来说，更多的是从内涵上来思考。探究教学把学生的思考力的培养作为教学的重要任务和主要目标，非常重视过程的有效性，重视让学生深入挖掘文本深层次的东西。合作学习在合作与交流的过程中有思想的碰撞，会产生有思想的火花，但是这种思想的碰撞是一种启发，是一种诱导。而探究则是成系统的，探究性学习顺着一个问题的线索，深入挖掘下去，力争对问题达到理性化认识程度，探究性学习对问题一挖到底，不会浅尝辄止。因此，探究性学习是比合作学习更为高级的一种学习活动。

合作学习不仅适合高年级，在低年级也可以进行。但是，探究性学习更适合在高年级使用。因此，探究性学习在低段学生的学习中和在高段学生的学习中是大不一样的。低年级学生更多的是探究习惯的养成，高年级是探究能力的培养。因此，研究探究性学习就必须考虑学生的年龄特征、思维特征等特点来进行研究。

（六）探究教学是一种主体性的学习活动

我们认为，探究教学最根本的就是主体性，是主体之间的合作探究。没有主体性就没有真正意义上的探究教学。探究是一种高级的学习活动，探究离不开主体的积极参与。可以说探究是为了满足主体的一种好奇心，是学生主动投入的一种学习活动。有效的合作探究教学必然发挥学生主体作用，激发学生内在学习动力，培养起学生的学习力。

（七）探究教学是一种深度学习，是一种高级的学习活动

有效的语文教学必然是一种深度学习，是对文本内在深层意蕴的深层次的挖掘。探究性学习正是一种深度学习，探究性学习必然会深入文本的内核，探究文本的内在的深层次的东西，是对文本深层次的东西的挖掘探究。或者是对文章内在逻辑关系的探究，或者是对文章写作思路的探究；或者是对文章思想内涵的探究。探究性学习必然要求学生思维处于张力状态，必然要求学生调动他们的生活储备和知识储备，对问题作出全方位、多角度的关照。

就语文学习来说，语言文字的背后会有许多深层次的东西需要我们去挖掘探究。浮光掠影，蜻蜓点水式地学习不是探究式学习；思维没有被激活，学习兴趣没有被激发的学习不是探究式学习。

探究学习既有自主的探究学习，也有合作的探究学习。合作的探究学习是在自主探究学习基础上的一种深化拓展，是为了弥补自主探究学习的缺陷。而且自主探究学习与合作探究学习相结合，才能使探究学习发挥最大的效应。

（八）探究教学是一种过程性学习

知识的建构是一个过程，是一个在学习的过程中对知识的体验、感悟与认识的过程。当前，我们在学习知识的过程中，常常忽略学习的过程，忽略了对知识的逻辑推演，有结果而无过程。结果学生对所学知识缺乏体验，缺乏对知识的深刻理解，知识作为一种表象而存在于他们的认知中。所以，大多数学生并没有把知识内化到自己的认知结构中，形成认知能力。而探究教学、探究性学习正好可以使学生经历学习的过程，感知知识的内在魅力，是一种过程性学习。探究学习通过经历知识学习的过程，感受到知识形成的过程，触摸到知识背后的思维、思想，改变学生内在的认知结构，形成认知能力。

（九）探究教学是一种创造性的学习

知识经济时代，需要的是那些具有创新意识和创新能力的人才，而具有创造性的人需要在我们的基础教育阶段进行培养。转变接受式学习，让学生进行探究性学习成为培养具有创新意识和创新能力人才的最有效的方法。一方面教师要创造性地开展教学、释放教师在教学中的创新活力；另一方面要让学生进行创造性地学习。这要求教师在课堂教学中，放开课堂、放活学生，使学生在自主学习中获得创造性的认识；要求教师要给学生更多时间、更多空间、更多自由，释放学生的潜能。

因此，探究式学习需要有探究精神的教师，需要有高素质的教师。教师要对探究教学有独特深刻认识，能够从容自如地去带领学生进行探究式学习。可惜许多教师对探究式教学还存在许多认识上的误区。这主要表现在他们对探究教学的"探究"二字的认识上。他们把探究教学当作一种科学研究活动。正是因为这样，他们认为探究教学不适应中小学语文教学。部分教师还没有摆脱传统语文教学对他们的束缚，许多教师还在原有的教学框架内思考我们的语文教学，对语文教学的特点缺乏深刻的认识，对语文学习的本质缺乏透彻的理解。这导致他们对课堂教学改革缺乏热情，没有动力。因此，探究教学的前提是教师要创造性地开展教学，发挥自己教学中的主观能动性，放开课堂、激活学生、激发学生的潜能。

　　总而言之，作为一种学习方式，探究性学习已经成为新课改中一种主要的学习方式。目前，虽然语文课堂教学改革已经进行了十多年，但是，对语文教学中的探究性教学我们却研究得不够深入，我们还没有一个基本的探究性的教学模式。我们的教师对探究教学还心存疑虑，他们不知道也不愿意进行探究性的教学。因此，转变教师的观念，加大对探究教学的研究力度，对一线教师具有非常重要的意义。

二、探究教学的历史沿革

（一）国外探究教学的历史沿革

　　最早提出在学科教育中运用探究方法的是杜威，到 20 世纪五六十年代，"探究"作为一种科学教学方式，它的合理性已被许多教育者所接受。1964 年，施瓦布首先正式使用"探究式学习"一词。20 世纪 50 年代到 80 年代，随着教育学心理学理论的发展和教育改革的进行，各国都非常注重发展学生的探究能力。20 世纪 80 年代以后，以探究式学习为基础重构教育课程成为世界各国课程改革的特点，不仅将探究作为一种学习方式，而且将探究作为课程的内容标准，探究的思想受到各国教育界的重视。

（二）国外几种主要的探究教学模式

微观——托马斯—布鲁巴克的探究式教学模式，其一般步骤为：①明确有待调查研究的问题；②把这些问题分解为若干组成部分，以便清晰地了解回答所需收集的各类信息资料；③收集所需的信息资料并加以综合；④以解决或回答问题的方式来阐明信息资料；⑤陈述结论；⑥对解决问题过程的成就进行评价，每一步骤是否都有效地完成？如果没有，为什么？如何补救？

萨奇曼设计了探究式教学模式，其教学步骤如下：

①选择课题。教师选择一个令人困惑的情境或问题，这一问题可以是一个疑难的科学问题，可以是一个令人困惑的事件，也可以是一段戏剧或故事的情节，但必须能够引起学生的兴趣，从而激发学生去寻求答案的欲望。

②向全班解释探究的程序。向学生说明开展探究过程应遵循的规则，使学生明确如何去寻求可能的解决方案。然后教师写出问题情境，呈现给每个学生。

③收集相关的资料。学生根据问题搜集资料，在搜集和证实资料的过程中可以提出问题以获得更多的信息。但教师只回答"是"或"否"，帮助学生澄清问题，并不给出直接的答案。当学生感到需要时，可以相互讨论，但在提问的过程中不允许相互交谈。一次只允许一个学生提问，可以持续提问直至满意。

④形成理论，描述因果关系。当学生提出一个理论假设时，教师停止提问，将这一理论写在黑板上，全班对其进行考查和讨论，决定是否接受。在这一阶段鼓励学生通过实验或参考其他资料检验某一理论。提问仍是有效的工具，但要指向对理论的考查。鼓励学生提出多种理论，逐一考查其有效性。

⑤说明规则，解释理论。某一理论或假设被全班确定之后，教师

要指导学生解释并应用这一理论。要对这一理论的原则或效果，以及应用于其他情境的预测性价值进行讨论。

⑥分析探究过程。最后，教师和全体学生讨论所经历的探究过程，考查如何形成理论来解释问题，并讨论如何改进这一过程，从而提高学生的探究技能。①

研究这两种探究教学模式，我们发现，他们都把科学研究中的探究的方式和方法使用到探究性学习中来，这些探究性学习主要是针对问题的一种探究性学习，对于问题的来源，他们并没有从学生提出问题这个角度来思考，虽然这种探究性学习能够培养学生的探究性学习的意识，养成良好的探究性学习的习惯，但是，他们没有照顾到探究性学习与科学研究活动的区别。如果说这两种探究性学习对于专题性的学习来说还有用的话，那么对于小学生来说则十分的不利。小学阶段，重在培养学生发现问题的能力和意识，重在养成良好的探究的习惯，而不是让他们进行一些大而不当的探究活动。

三、国内探究教学的历史回顾

我国伟大的教育家孔子十分重视学生的自主学习，在教育学生前，他总是将学生的自主学习放在老师的讲授之前，他提出"不愤不悱，不启不发"的教学原则。这是最早关于探究性学习的一种表述，孔子也是探究性教学的第一人。孔子从来不告诉学生如何如何，他总是让学生首先自主学习，在自主学习的过程中产生"愤"与"悱"。孔子认为学生只有处于这种"愤"与"悱"的状态中，他们心中有了

---

① 高文.现代教学的模式化研究［M］.济南：山东教育出版社，2000：453-458.

困惑，有了疑难，才会积极主动地去探究。因此，他总是首先倾听学生，然后根据学生的回答有针对性地进行点评，这样既可以发挥学生的主观能动性，又可以发挥教师的作用。

对于语文教学来说，孔子的这种教学原则可以说是最准确地概括了语文学习的基本特点。语文学习的根本是什么，我认为就是学生的自主学习，语文课堂教学所要解决的是什么，就是学生在自主学习过程中产生的疑惑。可以说从根本上来说语文课堂教学就是解疑释惑。这种解疑释惑可以通过教师的讲解，也可以通过合作交流，也可以通过同学之间的相互启发，还可以通过教师的启发诱导。现代语文课堂教学总是把"教"放在最前面，总是想通过课堂教学让学生接受教师预设的东西，不如此似乎就失去了作为教学的根本。教师总是努力要将自己的预设在课堂教学过程中让学生来接受，总是希望把学生提高到自己预设的高度来，使尽了方法，用尽了力气，但结果常常事与愿违。为什么？就是因为我们的教师根本没有重视从学生学习的角度来考虑自己的教学，学生没有和文本亲密的接触，没有来得及深入思考文本，结果教师就急于要告诉学生自己所预设的东西，因为学生没有切身的体会，也就难免隔靴搔痒。语文教学无效或者低效的很大一部分原因要归因于我们语文教学的这种方法。新课程改革以后，尽管我们提出要凸显学生主体地位，但是，在真正的教学实践中我们并没有做到这一点，特别是在语文教学中。我们还是像传统教学一样教师提出问题，让学生来回答问题，至于这些问题是否是学生感兴趣的，是否是学生真正感到困惑的问题就不得而知了。由于教学还是从教师的问题出发，教师主导课堂的局面还是难以撼动。因此，让学生自主阅读文本，让他们在阅读的过程中把他们的感悟、认识以及困惑记录下来，作为我们课堂教学的重要资源，作为课堂生成的重要起点，这会在很大程度上发挥学生的主体地位和作用，也会在很大程度上提升语文课堂教学的效率。因此，我认为，孔子的"不愤不悱，不启不发"

应该是语文教学的根本方法。

　　宋代朱熹认为读书是自家事，别人代理不得。同时，他认为读书要熟读成诵，又要精于思考。朱熹提出的"精思"，就是要求"其意皆若出于吾心"。如何"精思"呢？朱熹提出无疑—有疑—解疑。他说"读书始读，未知有疑，其次则渐渐有疑，中则节节有疑，过了一番之后，疑渐渐解，以至融会贯通，都无所疑，方始好学"（《宋元学案、晦翁学案》）。朱熹将学习的过程归结为学—问—思—辨—行五个方面。

　　读书是自家事，这是多么深刻的见解。应该说朱熹的这一读书法与孔子的"不愤不悱，不启不发"的教学原则一脉相承。他们都十分重视学生的自主阅读，重视问题从学生中来的原则，符合语文教学的学科特点。

　　同时，读书从无疑到有疑，再到解疑，这正好是探究教学的三个连续的过程，作为一种探究性学习，这三者缺一不可。时下，我们的语文课堂教学更多的是解疑，却没有有疑这个过程，学生的读书成了应付教师提出的问题，他们却很少思考文本，提出问题。阅读就是要让学生在没有问题的地方读出问题。长期的教师提问学生回答这样的教学模式，已经使我们的学生处在一种非常被动的学习状态，也使他们的阅读处在一种惰性状态。他们不去思考文本，也不去提出问题。因为不需要自己提出问题，因此他们的阅读也就变得异常简单，他们也把阅读文本看作是非常枯燥乏味的事情。长期的这种学习方式必然会使学生变得不愿意主动思考文本，不愿意深挖文本内在的东西。记得有位哲人说过："提出一个问题比解决一个问题更为重要。"而我们的语文教学恰恰在这个方面没有十分重视。

　　诺贝尔文学奖获奖作家莫言，没有受到我们传统的教育，但是他却凭着自己的大量的阅读，获得了许多写作上的启示，特别是他从生活中感受、体验人生社会，使他获得了丰富的生活体验、情感体验，这为他的写作奠定了坚实的基础。可见，语文绝不仅仅是靠讲解能够讲解出来的，更多地还是要靠学生的自主阅读、自主体验、自主探究。只有学生真正入乎其内，又出乎其外，学生才能真正从阅读文本中有所收获，学生只有在阅读文本中于我心有戚戚焉，也才能真正心领而神会，获得阅读的快乐，得到思想的启迪。

到了现代，真正意义上的探究性学习才提上议事日程。我国关于探究性学习的研究起步比较晚，20 世纪 70 年代左右曾经有过探究性学习的提法，20 世纪 80 年代以来跟探究性学习相关的改革取得了一定成效，但没有改变以接受式学习为中心的学习方式。新课改以后，研究性学习才真正提上议事日程。新课改将合作、探究性学习作为两种基本的学习方式，纳入到课改之中。但是，就教学实践来说，大家对合作学习研究的比较深入，而对探究性学习的研究则相对比较少。其中的原因是合作学习有一定的合作学习的模式可以套用，而探究学习还停留在概念阶段，还没有成熟的教学模式可以借鉴。虽然如此，许多教师在自己的教学实践之中还是做出了不懈的努力、积极的探索。

著名特级教师钱梦龙老师曾经在自己的课堂教学中让学生提出问题，然后教师归类问题，集中解决学生存在的问题。这种从学生的问题出发来进行教学的方法，已经具有了探究教学的基本要素。可惜，钱老师的这种方法并没有引起足够的重视。钱老师的让学生提出问题，然后教师将学生的问题归类，分清主次，分门别类地进行解决。虽然在一定程度上提高了课堂教学的效率，也在很大程度上解决了学生心中的疑惑，但是，这样的教学方法在教学实践中很难落到实处。因为学生提出问题需要时间，教师对问题的分类也需要一定的时间和条件，这样，就在很大程度上增加了操作的难度。后来钱老师放弃了这种方法，可能也与这一特点有关系。

与此同时，特级教师郑逸农提倡"非指示性"教学的理念，主张

"两不四自"理论。其基本原则是不指示教学目标（让学生自主确定），不出示问题答案（让学生自主寻找答案）；这种非指示性的教学在很大程度上放开了课堂，给了学生很大的学习空间，让学生的主体地位得到了很大的体现，这与传统的教学相比较来说无疑是一种巨大的突破。他不再由教师来确定课堂教学目标，而是让学生来确定教学目标，这大大地激发了学生学习的积极性和主动性。不出示问题的答案，让答案通过学生的交流合作得出，通过教师的启发诱导得出，这样的答案才能真正地内化到学生的认知结构中去，形成他们的语文能力。所以非指示性教学方法无异是与新课改非常相近的一种教学方法。语文教学如果指向性明确，会在很大程度上束缚学生的手脚，限制他们的思路，也会使他们的思维固化到教师的指向上去。让学生用自己的心灵去感悟，用自己的头脑去判断，用自己的思维去创新，用自己的语言去表达，这样的课堂才能真正实现促进学生发展的教学目标。

近年来，探究教学被写入新课程标准，教育部还专门出台高中课程探究性学习的指导性的文件。但是，大家更多的是对合作学习的研究与使用，对探究性学习似乎并没有多少人来实践。中学老师使用的比较多，而小学老师使用的比较少；科学等自然科学课程用得多，而语文课程使用的比较少。抑或是那些以探究性学习为主的教学活动，他们更多地把目光放在专题研究活动，或者是课外探究学习上，没有真正把目光聚焦在课堂教学活动中，没有聚焦在文本的探究性学习活动中，这在很大程度上是对探究性教学的一种狭猫理解与认识，十分不利于培养学生的创造性能力。

对探究性学习研究最用力的应该是程红兵老师。但是，他主要研究高中教学中的探究性学习，特别是他把研究性学习作为一个学习模块来使用，并没有真正落实到具体的文本学习中，落实到课堂教学活动中，对于小学生来说，并不一定适应。

最近，在中华语文网上看到陕西师范大学教育硕士朱宝军老师研究探究性学习，他的硕士学位论文《初中语文教学中"问题教学法"的研究与实践》荣获优秀论文。他长期研究问题教学法的实践与研究，提出自学、质疑、讨论的语文有效教学方法，其具体的教学过程是：

"自学、质疑、讨论"的学习方法是针对每一篇具体的文章而言，贯穿于每一堂课中。"自学"是"质疑"的基础，没有"自学""质疑无"从谈起；"讨论"是针对"质疑"的共同点而言。三者浑然一体，相互联系，不可分割。

作者就文言文学习中怎样使用"自学"、"质疑"、"讨论"这一方法作了具体的说明。从这种方法来看，他把提出问题这个环节交给学生，让学生在自主学习的基础上提出问题，然后组织讨论交流，符合探究性学习的一般规律，是一种比较理想的探究性学习模式。

总而言之，尽管在探究教学方面有许多全新的做法，但是，我们认为语文探究教学还没有真正在课堂教学中实施，研究探究教学的人也是寥寥无几。作为小学语文教学来说，要进行探究性的教学还有许多工作要做。

探究性学习是一种过程性学习，它具有很大的开放性，它的结果、它的过程都向学生开放。教学结果不是教师预设的那样死板，而是具有很大的灵活性。同时，就文本来说，学生带着探究的目光来学习文本，还是带着耳朵来听教师的讲解，或者是学生只是为了思考回答教师提出的那些问题，而自己在阅读文本的过程中则没有提出什么问题，发现什么问题，对文本没有做深入思考，我们不知道他们在自主阅读学习的过程中获得了一些什么，还有一些什么问题等。同时有意识地让学生发现问题、提出问题，会在很大程度上激发学生的学习热情，提高他们自主学习的意识，增加他们学习中的有意注意，这样在很大程度上使学生的主体地位得到了凸显。

就语文教学来说，文本对教师、对学生都是一个开放的系统。学生能从中知道什么，不知道什么，这不是我们教师在课前能够充分的预设好的。许多时候，教师的预设脱离学生的思想实际和学习实际，教师的问题不是学生所感兴趣的问题，也不是他们的能力所能回答的问题，教师强行灌输显然是难以引起学生的共鸣的。语文不仅仅是语言文字的学习，语言文字背后是作家的思想、是作家的生活阅历和人生体验，带有很大的独特性。学生要真正领悟文本中内在的东西，没有相似的生活体验和人生体验是不可能的。因此，自主阅读在探究教学中占有重要的地位，合作交流是在这个基础上来进行的，没有了合作这个基础，合作学习也就成了无源之水，无本之木。

四、探究性学习认识上的误区

（一）把探究性学习与科学研究活动相等同，导致教师不敢在学生中进行探究性学习

目前，就教育实践来说，基于探究性学习的语文教学并不多见，特别是在中小学阶段。这主要是因为大家对探究教学在认识上存在许多误区。在许多教师看来，探究活动是一种高级的活动，是在学生思维能力充分发展的基础上才能进行的一种活动。在他们看来，中小学生思维能力还不强，特别是他们的逻辑思维能力还不是很强，要让中小学生来进行探究性学习无疑是一件困难的事情。这种认识没有看到探究性学习的特点，对探究性学习产生了认识上的误解。

探究性学习虽然对学生的思维能力提出了很高的要求，但是，我们并不能因此就说探究性学习不适合中小学生学习。中小学生形象思维能力占优势，逻辑思维能力还处于萌芽状态，我们让学生进行探究性学习是符合中小学生的年龄特点的。作为语文课程来说，虽然文学

作品占多数，文学作品的教学占有主要的地位，但是这不等于说语文仅仅是培养学生的形象思维能力的。语文从形象入手，最后，还需要归结到逻辑思维能力的培养上来。一个人的成熟，一个人的发展根本的是其逻辑思维能力的发展。在中小学阶段，进行探究性学习，不但可以使学生的形象思维能力得到开发，还可以使学生的逻辑思维能力得到最大提升。叶圣陶先生指出，语文教学的根本目的就是训练学生思维。而语文教学中探究性学习可以在很大程度上尽快地训练学生的思维，发展学生的思维，从而使学生的能力得到最大限度的提高。

探究性学习是一种学习方式，是学生对文本所作的一种理解认识活动，有效的探究性学习对学生的思维能力的发展有很大的促进作用。让学生及早进行探究性学习，对发展学生的思维能力，培养他们的创造性的意识都具有重要的作用。我们知道，中小学阶段是学生思维能力发展最快的时候，也是学生智力成长最佳的时期，如果我们能在此时开发学生的智力，培养学生的思考力，那么我们的学生将获得极大的发展，我们的学生的思维会尽快地得到发展，能力会得到有效的提高。

同时，在这样一个信息爆炸的时代，学生需要的不仅是掌握知识，而且是在掌握知识的同时，提升能力。探究性学习通过学生的探究学习，可以有效培养学生的各种能力，特别是搜集资料、分析资料、辨别资料、有效提取信息的能力。这为学生将来的学习发展奠定了一个很好的基础。

（二）对语文课程实践性的认识存在误区

语文课程是一门实践性很强的课程，决定了语文教学要从实践出发，培养学生的语言能力。另一方面，探究学习也是一种实践活动，这种实践性活动和语文实践有机地结合起来，对促进学生语文能力的形成具有重大的意义和作用。就学生的思维能力的发展来说，思维的发展是在不断实践的过程中发展的，而探究学习对学生思维的发展具有很大的促进作用。因此，小学阶段进行探究性教学，很有必要。

任何实践都是主体的实践活动，探究教学作为一种实践性很强的学习方式，可以最大限度地发挥学生的主体作用，最大限度地彰显学生的个性。探究性学习从问题出发，以学生的自主提问、自主合作探究为主，这给学生自主学习提供了广阔的舞台，给他们发挥自己的聪明才智提供了一个很好的平台。在探究性学习中，文本永远都是一个矿藏，那里面都有许多值得挖掘的东西，学生怀着浓厚的兴趣对文本进行多方面地学习，在探究学习文本的过程中，进行大量的阅读实践活动，或对文本语言进行品析；或对文本的内在结构进行分析；或对蕴含在语言背后的作者的思维过程进行推演。在这个过程中，他们的求知欲望会得到极大的满足，主体地位得到充分的体现。

就当前的语文教学来说，我们的语文教学之所以没有效果，学生之所以对语文不感兴趣，关键在我们的语文教学没有能够充分地发挥学生的主体地位和作用，没有抓住语文教学的特点，没有将语文的实践性落实到我们的教学活动之中，学生很难从中获得多少有价值的信息，更不要说能力了。

作为语文教学来说，是否需要学习语文知识，以及学习什么样的语文知识都是语文教育界需要思考的。语文作为一门学科课程，必然有其学科知识，这是毋庸置疑的。关键是我们如何学习语文知识，学习哪些语文知识。知识有陈述性知识和程序性知识。语文知识更多的是陈述性知识。学习语文知识必须要和语文实践结合起来，让学生在实践中建构知识的意义。这样语文知识才能内化到学生的认知结构之中，形成语文能力。而探究性学习的过程就是一种对知识的内化过程。学生通过分析辨别知识，在获得感性认识的同时，其理性认识也得到最大程度的提升。因此，探究性学习不仅是一种知识的学习，更多的是对知识的使用，这在很大程度上体现了语文学科实践性的特点。

（三）对资料搜集能力的培养认识不足

教师讲授式课堂教学更重视分析、讲解，更重视文本的学习。而探究性学习需要从一个更宽广的视野去研究文本，需要更多的资料支持。因此，比之于接受式学习，探究性学习还可以开拓课堂教学的空间，培养学生的资料意识和搜集资料的能力。这在一定程度上可以养成学生良好的学习习惯和研究习惯，为学生的终身学习奠定基础。探究性学习需要一定的资料支持，无论是教师搜集的资料还是学生自己搜集资料，这些都会大大地激发学生的求知欲望，让他们感受到一种从未有过的学习自信，激发起他们的学习热情。同时，搜集资料，充分研读文本，从文本中获得一定感受和认识，这些学习活动给学生提供了广阔的实践舞台，让他们每个人都能从中找到自我。同时，探究的过程本身就是充满刺激和新鲜的活动，这些资料的来源，或者是教师提供给他们，或者是学生在网上搜集整理，围绕文本，既可以深化他们对文本的认识，又可以丰富他们的知识。探究性学习要求学生要对文本做深入地分析研究，要从文本中寻找到那些可以支撑自己观点的材料，这样可以强化学生的有意注意。同时，学生要对这些资料进行分析研究、评价，要从中得出自己的结论，这些过程，具有很强的挑战性，会在一定程度上刺激学生不断进行探索研究，培养起学生分析问题、探究问题的能力。

当然，探究教学需要资料，许多时候，我们的教师想当然地就让学生去搜集资料，资料搜集了一大堆，但是只是展示，缺少分析。有时候教师因为搜集资料而忘了文本。作为语文教学来说，文本的学习是语文教学的根本。如果我们舍本而逐末，将得不偿失。何况对那些农村地区的学生来说，他们很难有条件去搜集资料。就搜集资料来说，搜集资料当然可以丰富学生的知识，开拓学生的视野。但是，用探究的目光来学习文本、研究文本才是我们探究的本质。我们只要引导得法，深入探究文本，学生还是能够从文本中获得许多他们需要的材料。经常不间断地让学生挖掘文本，从文本中获得他们需要的材料，可以很好地培养他们的思维能力、探究能力和探究精神。

（四）对学生的能力认识不足

新课改把学生的主体地位放在一个突出的地位，但是，如何才能凸显学生的主体地位，如何才能有效发挥学生的主体作用，这却是许多老师感到棘手的问题，也是在我们的课堂教学实践中没有很好地解决的问题。如果这个问题解决好了，课改也就相应地有所突破了。

首先，教师不愿意放手，不敢放手，他们对自己的学生信心不足是突出的表现。我们看看那些以新课改之名所上的公开课就知道了。老师的影子总是像幽灵一样，时常出现在学生面前。老师始终不忘把学生引导到自己教学设计的过程中，引导到自己预设的答案中，使出全部力气让学生理解自己、接纳自己的认识结果。即使是合作学习，老师总是提出问题然后学生合作学习解决，老师深怕学生提不出问题或者提出的问题偏离了教学的方向，老师不敢也不愿意让学生去提出问题。这看起来是新课改，让学生合作学习了，但其实质还是教师主导下的合作学习，还不是完全充分的合作学习。再比如，就提出问题来说，中小学生能不能提出问题，特别是能不能提出有价值的问题也是许多教师怀疑的。就提问来说，提出问题确实不是一件容易的事情，如果没有对文本深入地钻研，没有对文本进行深切感悟，学生是很难提出问题的。特别是传统教学提问都是由教师来完成，学生很难有问题意识，面对一篇文章，他们只是想听教师讲解，自己则不去主动思考。但是，如果我们因此而不敢，也不愿意放手让学生去提问，我们的课堂永远也走不出教师的阴影。

其次，许多时候不是我们的学生没有能力，而是我们的教师对学生没有信心。我们教师的教学观念还是没有根本转变，我们还在传统教学的框架下思考我们的语文教学。只要我们教师敢于放手、善于放手，我相信学生还是会提出一些问题的。

五、语文探究教学可行性研究与分析

明白了探究教学的内涵，认识了探究教学的特点，我们再来看探究教学能不能在中小学语文教学中推行和实施。在许多人的观念中，探究是一种科学研究活动，对中小学生来说并不适合，所以他们并不主张在中小学语文教学中进行探究性学习。大家即使让学生进行探究性学习，也是离开文本，让学生进行一些专题性的探究活动，或者进行一些单元探究教学。对于单篇文本，他们很少进行探究性教学。他们没有将探究作为一种课堂教学的基本方式和方法。这些都是由我们对探究教学认识的偏颇造成的。同时，在教学实践中，新课改将合作、探究教学作为两种主要的学习方式，但是就目前来说，大家在合作学习上使用的力气比较多，花费的功夫比较大，研究比较深入，但是因为探究教学缺乏一些必要的教学模式，没有得到一线教师的重视。探究学习作为一种基本的学习方式，是人类获取知识的基本的学习方式。在语文教学中，充分利用探究教学，培养学生的创造性思维能力，提高课堂教学的效率，是语文教学的最高的境界。

（一）从心理学上来看，探究学习是符合儿童心智发展的一种学习活动

探究性学习是符合儿童心理特点的一种学习方式。探究是儿童心理成长的需要，儿童的世界是充满好奇的世界，也是充满了对事物探究欲望的世界，儿童的成长伴随着探究活动。萨其曼认为，人生来具有一种好奇的倾向，这种自发的倾向会促使人们在面对陌生的现象时尽力找出其发生的原因。他坚信学生本能地对一切新奇的事物感兴趣，他们会想方设法弄清这些新奇事物背后究竟发生了什么，这是一种进行科学研究的可贵的动力和心理资源。经验和诸多研究都表明，对未知世界的好奇心和探究需求是青少年学生普遍的特性。在符合他们身心特点和发展水平的探究活动中，学生往往都兴趣盎然、动机强烈、情绪高涨，接受知识和综合运用知识的效率也特别高。因此，尽管学生之间存在着个别差异，参与探究性学习并取得良好收获的可能性，则是全体学生都具有的。因此，在教学中，我们就应该充分利用这种儿童的好奇心，大胆地进行探究性学习。

探究性学习的动机就是好奇心，激发学生的好奇心，满足他们的好奇心是探究学习的基本诉求。只有儿童的这种好奇心得到满足了，学生的主体性才能真正得到体现。许多时候，我们的教师设计许多的问题，就是不给学生提出问题的机会和权利，学生的好奇心得不到满足，激发不起学生学习语文的兴趣，造成语文课堂教学的沉闷乏味。

其实作为语文教学来说，文本对每个学生来说都是一个开放的系统，学生阅读文本不仅是要满足我们教学的需要，更主要的是要让学生在阅读文本的时候从中产生一定的疑问，让它们带着好奇的目光来审视文本、阅读文本。而让他们寻找问题、提出问题是激发他们的好奇心的重要因素之一。

中小学阶段是孩子们问题意识最强，探究意识最强的阶段。我们

要将孩子们的这种探究意识充分发挥出来，让他们对文本充满好奇，让他们始终以探究的目光来看待文本，以探究的方式来学习文本。时间长了，一方面使孩子的天性得到了发扬；另一方面又在很大程度上促进了孩子智力的发育，可以说是一举多得。

让他们在阅读的过程中主动提出问题，他们就会以好奇的目光来探寻文本，尽量寻找属于他们的问题。这样就大大的提高了学生自主阅读文本的自主性，强化了他们的问题意识，使他们在今后的阅读文本的过程中自觉或者不自觉地去思考文本。同时，提出问题，也可以使得自主学习在我们的教学中得到有效的落实。如果我们把问题都设计好了，学生自然就会不再思考，他们只是等待教师提问，他们的任务就是为了回答教师提出的问题，而所谓的回答不过是揣摩教师的意图，顺着教师的心意来回答。天长地久，学生的学习兴趣就会被消磨殆尽。有效的语文教学必然是学生思考力处于最大的张力状态的教学。仅仅靠回答教师的那几个问题，学生很难进入思考的状态，很难在他们的头脑中产生风暴。

从儿童的发展来看，人的发展是指在个体生理和心理方面有规律地进行的量变和质变的过程。生理的发展指机体的正常生长（形态的增长）、发育（功能的成熟），如躯体各部分比例发生变化；心理的发展指个体的认识过程，情感、意志和个性的发展，如认知结构的变化、性格的变化等。人的发展是身心整体的连续变化过程，不仅是量的变化，更重要的是质的变化。

儿童心理发展是不平衡的，儿童时期是儿童智力发展最快的时期，也是学生思维能力逐渐发展的时期，让学生的心智尽快发展起来、成长起来是教育的最终目的。儿童心理的发展一方面要靠实践活动，另一方面要靠教育。因此，发展学生的心智是教育的最终目的，作为一种探究性学习，在促进儿童心智发展方面具有不可替代的作用，是一种很好地促进儿童心智发展的实践性学习活动。

探究教学不是浮光掠影的、蜻蜓点水式的学习文本，而是对文本深层次的内在东西的深入挖掘，这就需要学生调动自己的各种感官去研究文本，得出自己的结论性的东西。

过去，我们的学生并没有把文本当作一个开放的东西，而是当作教师已经全能全知的东西，他们只是为了听讲而来上学的，他们是带着耳朵来上学，而不是带着头脑来上学。他们总是等、靠、要，自己很少主动思考文本、探究文本，自己很少提出问题、思考问题。久而久之，学生的问题意识被泯灭，创造的热情被消耗，儿童的好奇心理就在我们的这种教学中逐渐被消磨。

从国外来看，从小学阶段他们就十分重视学生研究能力的培养，他们学生的探究性学习已经成为常态。在中小学阶段，只要我们让学生去研究、去探索，他们的研究意识和研究能力一定能够提高。作为一种探究性学习，不是能不能进行的问题，而是我们进行不进行的问题。这里，关键是我们的观念要转变，从传统的那种教学思维中摆脱出来，让探究性学习在我们的语文课堂中开花结果。

分析问题、解决问题都是我们学生必须具备的能力，如何才能培养出他们分析问题、解决问题的能力，我认为，就是需要在探究性学习中教师有意识地去培养。探究性学习从根本上改变了学生在学习中的被动地位，无论是问题的提出还是问题的分析研究，都是在学生自主状态中来进行的，这样就大大地强化了他们的主体意识，提升了主体的自我认知能力，从而为学生的良好的学习品质的形成奠定了坚实的基础。

当然，中小学生的探究性学习与大学生的探究性学习是不同的。我们要从儿童的特性入手，从激发儿童的好奇心出发，紧扣文本，让他们从文本中获得一种探究的意识和能力。特别是我们要从问题意识的培养入手，让学生提出问题，自主合作解决问题。让学生用探究的方式来研究文本，既不离开文本来探究学习，又不为文本马首是瞻。我们要让学生在面对一个文本的时候，有意识地提出问题，并且去追求问题解决的答案。让他们在文本之中多问几个为什么，这样，才能真正调动起学生的求知欲望，激发出他们探求文本内在含义的兴趣。

我们要在探究教学中摒弃那种教师提问，学生回答的死板的教学模式，我们要将提问的权力交还给学生，让他们自主地发现问题，自主地解决问题。这样，我们的学生才能真正从传统教学中走出来，我们才能真正给他们一条宽阔的阳光大道，让他们获得学习的快乐。

（二）从语文学科特点看，探究性学习是符合语文学科特点的一种学习活动

1. 语文学习是个性化最强的学习活动

就我们的语文教学来说，老师不可谓不卖力，学生为什么还不买账，关键的原因是什么呢？我认为，关键在于我们没有找到语文教学的根本在哪儿。我们认为，作为语文阅读教学来说，学生的阅读是主要的，阅读教学的根本在于学生的自主阅读，任何人不能代替。

作为探究教学，探究是一种学习活动，具有实践性、活动性。学生的自主阅读在探究学习中显得非常重要。探究教学需要学生的自主阅读、自主学习。"阅读是学生个性化行为。阅读教学因引导学生钻研文本，使其在积极主动的思维和情感活动中，加深理解和体验，有所感悟和思考，受到情感熏陶，获得思想启迪，享受审美乐趣。教师要正视学生独特的感受、体验和理解。教师应该加强对学生阅读的指导、引领和点拨，但是，不应该以教师的分析来代替学生的阅读实践，不应该以模式化的解读来代替学生的体验和思考，要善于通过合作学习解决阅读中的问题，但也要防止用集体讨论来代替个人阅读"。正如我国当代语文教育专家周鸿祥指出的，老师们不能简单地教授字词语法、篇章结构，要有情感地投入，要体现思想的深度，培养思维

的多元和学习的快乐。同时，要让孩子们练好语文知识的"童子功"，还要抓阅读与写作。

教师能不能讲解？这当然可以。关键是要建立在学生自主学习的基础之上，在学生处于"愤"与"悱"的状态中的时候，再进行启发诱导，这样效果就大不一样了。探究的前提是问题，提出问题，解决问题，这是探究的基本思路。因此，我们在探究教学课堂、教学模式设计的过程中，要十分重视自主学习的作用，将学生的问题意识作为重要的抓手，以学生的问题为导向，摸清学生的思路，找出学生的问题所在，有针对性地进行课堂交流讨论，这样，就大大提高了课堂教学的效率，简化了课堂教学的程序。

2. 让学生在具体的语言实践活动中进行语文学习

探究性学习作为一种实践性学习活动，最符合语文学科的学习特点。语文教学的实践性决定了语文教学要以学生的学习为主体，正是因为语文是一门实践性很强的课程，因此，学生语文能力的培养就需要从实践这个角度来考虑，语文教学的效率也需要从语文实践中来提高。听、说、读、写是语言实践的四个方面，而读和写是两种重复的语言实践活动，读不是肤浅地读，而是要深入地读、思考地读。探究教学可以促使学生深入地读、思考地读。

鲁迅在谈到他自己的写作经验的时候也说："除了多看和多写，别无他法。"朱熹也说："学习是自家事，别人代替不得。"这是多么深刻的见解，这对我们的语文教学又有多大的启发呀！我们在语文教学中，只要让学生将学习当作是自家事，别人代替不得，认识到这一点，我们的语文教学才能真正回归到正道上来。

学习既然是自家事，那么我们怎么才能让学生真正将学习当作自家事呢？这就需要我们凸显语文的实践性这一特性。单纯让学生阅读文本虽然在一定程度上实现了语文的实践性，但是，由于缺乏必要的思考，这在一定程度上减弱了阅读的效果。如何才能让学生在阅读文本中思考文本呢？我想，让学生在阅读过程中提出他们的问题，这不失为一条有效的途径。让学生提出问题，必然大大地激发他们的学习的欲望，促使他们深入思考文本。不经过思考，学生是很难提出问题的。这样就将语言的实践落在实处。语言实践是一种语言活动，提出问题是最好的一种语言活动，而且这也带动了学生的思维活动。提出问题不仅能够锻炼学生的思维能力，而且还在一定程度上使学生形成问题意识。

因此，我们认为，在中小学阶段，不但可以进行探究性学习，而且还可以进行深入地探究性学习，探究性学习不仅是大学的事情，也不仅是研究生的事情，作为一种活动，探究新事物、研究新问题一直是人类最基本的实践活动。可以说，人的一生就是在探究中度过的。人们总是对新事物充满好奇，小学阶段的孩子正是好奇心旺盛的时期，如果我们充分地加以利用这种好奇心，让孩子们的天性得到充分的满足，那么，我们孩子的创造性思维能力就会得到很大的锻炼。

3. 文本的开放性决定语文教学中需要探究学习

从探究的特点来说，探究都是对未知领域的探索研究。因此，在探究性学习中，文本对学生来说是未知的，是陌生的。探究性学习需要学生对文本进行重新审视，重新寻找解读文本的密码。因此，文本对每个学生来说都是一个开放的系统，学生进入文本之后，一切都是新奇的、陌生的，学生需要进入文本探求其中的微言大义。探究性学习更多地需要学生去自主阅读、思考文本，等待教师讲解不可能有探究学习，因为这样的学习是一种定格了思维的学习，是等待从老师那里获取答案的学习，一切似乎都是由老师说了算。学生不再去主动思考，不再去主动探究。这样的语文教学僵化了学习方式，固化了学生的思维。

　　以探究的结果来说，探究的结果充满不确定性，是在探究过程中不断生成的。因此，对于探究教学来说，文本是开放的，面对学生是开放的，同时面对教师也是开放的。文本所蕴含的东西需要学生在探究中获得，需要师生在共同的探究中生成。这样的课堂可以说是共生课堂。

　　语文课程的开放性首先表现在文本的开放性，文本都是一个自足体，面对开放的文本，教师和学生都会从不同的角度，从不同的方面做出自己的解读，这些解读就构成了语文教学的多元特性。这种解读的多元性既可以培养学生解读文本的能力，又可以培养学生独立思考的习惯，同时还是课堂教学有效进行的前提条件。探究性课堂教学就是在教师和学生认识文本的基础上来进行的。通过探究性学习的过程，在老师、学生那里不断生成新的知识点，生成获得新的认识，开拓文本认识的新领域、新境界。

　　因此，我们认为，在中小学语文教学中，使用探究性学习，有利于学生的思维的发展，有利于提高学生的综合素质，也有利于提高我们课堂教学效率。可以说，小学阶段不但可以进行探究性学习，而且探究性学习也会在小学语文教学中大有作为。

　　从课堂教学的实施过程来看，探究教学是比较有效的学习方式。探究性学习可以从根本上转变学生的学习方式，让学生的学习更加自主，学生的主体地位更能得到突出的体现。

‖ 第六章 ‖

"三步自主合作探究教学法"的
提出以及操作流程

一、"三步自主合作探究教学法"的提出

我们在理清了探究教学的基础上，构建了具有高度的自主性的探究教学模式"三步自主合作探究教学法"。"三步自主合作探究教学法"是我们在对课改理论深入研读的基础上，寻找学生主体作用有效发挥的方式方法的过程中形成的一种有效的探究教学法。

（一）基于问题进行探究教学

我们知道，探究源于问题，问题源于困惑，困惑源于学生自主阅读。过去我们将问题提出来让学生思考回答，尽管这样的教学方法有其优越性，但是其局限性也是显而易见的。这种问题为导向的课堂教学，把学生问题意识教没有了。学生不知道提问题，不会提问题，也不想提问题。我们曾经做过一个实验：我们让学生在教师没有讲解文本之前自主阅读文本，结果大多数学生泛泛而读，他们既不知道自己

要学习一些什么东西，也不知道主动提出问题。他们阅读几遍文章感觉什么都知道了，没有什么可以再学习的东西了。可见，学生在自主阅读文本的过程中根本就没有思考文本。他们只是浮光掠影，知道大概的意思就可以了，根本没有深究文本深层次的东西。

为什么会出现这样的情况呢？是我们的学生真的读懂了文本，还是他们不知道去探究文本深层次的东西？显然是后者。当我们随便提出一个问题要学生回答的时候，学生又陷入迷茫之中。如果说我们的学生在开始上学的时候还有许多困惑需要请教老师的话，那么经过一段时间的教学，我们的学生反而没有了问题。这不是说我们的学生真的没有问题，而是他们产生了依赖心理。他们不再主动去思考文本，因为问题不需要他们提出，他们根本不需要操这份心。也因此我们的学生失去了对文本的积极主动地思考探究，失去了产生疑问的能力，没有了问题意识，也就没有了探究的欲望。

那么如何才能解决这个问题呢？自然就是把提问的权利还给学生。让他们在阅读的过程中思考文本，提出问题。打破他们对教师的依赖，打破课堂的惯性思维，让课堂从教师的问题出发变成从学生的问题出发。

发现问题、提出问题、探究问题，这是探究事物的一般过程。提出问题比探究问题更重要。正如吴非在他的博客文章中指出的："时下中小学教育最大的弊端，就是不重视培养学生怀疑与批判思维，相当多的教育工作者对教学中的'怀疑与批判思维'缺乏认识；他们甚至反对这个提法，为了能轻松顺利地灌输，让学生'听话'与'服从'，让一代又一代的学生成为'驯服工具'。在奴化教育下，学生没有积极思维的意识，他们在学习上总是被动地'被提问'，而不能主动地去探究问题的本源。"爱因斯坦指出："提出一个问题往往比解决一个问题更重要，因为解决问题也许仅仅是一个数学上或实验上的技能而已，而提出新的问题、新的可能性，从新的角度去看待旧的问题，却需要有创造性的想象力，而且标志着科学的真正进步。"由此可见，问题意识在人的发展、科学研究活动中有多么重要的作用。培养学生的问题意识，让学生学会思考，学会提问，这是我们教育界非常急迫的任务。

儿童时代是充满好奇心的时代，儿童时代也是最喜欢提出问题的时代。因此，作为语文教学就应该从孩子的特性入手，从培养孩子的问题意识出发，激发孩子的好奇心、求知欲。

国外教育都十分重视孩子求知欲的激发，都很重视孩子提问意识和提问能力的培养。他们都不以知识的学习作为教学的最终目的，而是以发展学生的思维能力、探究能力为目的。我们应该充分重视儿童的这种天性对教学的作用，重视学生问题意识的培养，重视探究能力的培养。摒弃传统课堂教学中那种教师提出问题、教师设计好问题然后让学生回答的做法，将课堂真正交给学生，让他们通过自主提出问题，自主解决问题来发展他们的问题意识和创造性的思维能力。可惜，就目前的教学来说，在教学中还是提问式、灌输式充满我们的语文课堂教学，学生毫无自主性而言，毫无问题。

（二）基于凸显学生主体进行探究

我们常常说语文教学费时多，效率低，其根本原因就是学生没有真正意义上的主体性，没有去自主阅读思考文本。许多时候学生都是跟着教师的教学设计走，没有思考的动力，也没有思考的时间。其结果就是学生的主体意识被抹杀。学生拿到文本不是积极主动地学习思考，而是等待教师讲解，等待老师告诉他们文本的微言大义，他们失去了自我学习的能力与自我质疑的能力。质疑批判能力的缺失正是学生主体地位失落的原因所在。因此，在教学中，质疑能力的培养是我们教学的重点，也是我们对当前课堂教学改革做出的最大的改变。

当前，我们提倡有效教学或者高效课堂，那么什么样的教学才是有效教学，什么样的课堂教学才是高效课堂？我们认为学生没有主体性的课堂不可能是有效教学，学生不能充分参与的课堂教学不是有效教学，学生的思维没有在课堂教学过程中得到有效锻炼的课堂不是有效教学。课堂教学的有效性体现在课堂教学过程中的思维性。思维性的前提是学生的主体性。要使学生真正具有主体性，首先就是要寻找到一条有效发挥学生主体作用的途径和方法。我们发现这种方法不可能通过一问一答式的教学方法获得，也不可能通过灌输式的教学方法获得，更主要的还是要发挥出学生的主观能动性，让他们自主阅读文本，自主获得体验认识和感受，让学生在单位时间内的思维处在一种最大的张力状态，只有这样，我们才能真正得到高效教学。

而要达到这样的效果，就必须从学生的自主学习入手，从学生的问题入手。让问题成为学生思考文本、探究文本的抓手。正如有教师所指出的："学成于思，思源于疑。""思"是"疑"的前提，"疑"是"思"的结果。只要有"思"发生，必然会有"疑"产生。因此，提出问题必然会促使学生积极主动去思考文本，长期不断地去"思"，去"疑"，然后经过探究释疑，学生的能力就会获得很大的提高。

把问题交给学生，就是贴近了学生的思想实际和认识实际，是真正意义上的以学生为本。教学必须从学生的最近发展区开始，学生的最近发展区不是别的，就是阅读中的困惑，阅读中飞奔出的思想的火花与认识的火花。纵观语文教学的无效教学或者是低效教学，其根本的原因在于脱离了学生的思想实际和生活实际，把学生拔高到教师的层次上来认识文本、理解文本。我们千方百计地要学生接受我们的认识，却没有重视发掘学生的认识，没有从学生的认识出发来进行教学。结果，我们的心很高，愿望很强烈，但是，学生总是不买账。我们没有考虑学生的认识水平，没有考虑学生的最近发展区。教师想的是给学生锦上添花，但没有想到给学生雪中送炭。对学生来说，教师的作用不是输送，而是解困。语文教学，需要的不是阳春白雪，也不是下里巴人，而是雪中送炭。许多时候，我们的教师阳春白雪一番，学生云里雾里的，搞得高深莫测，使学生晕头转向。

语文教学不是把学生提高到教师的水平，而是在学生原有认识水平上有所提高。"教师要放弃专家式读者的身份，允许自己和学生把对多元文化文本的接触当成一次全新的学习，并专注于与其他文本，与文化的对话。"① 作为一种教学，教师在这儿扮演的角色不是高高在上的知识的输送者，而是和学生一起的探险者、研究者。整个教学过程应该充满新奇、新鲜和刺激。在这儿学习是一件最快乐的事情。作为教学，我们没有必要将教师的认识强加给学生，没有必要把我们的教学预设放得很高，让学生常常感到吃力。时间长了，他们也就没有自信心了。我们应该放下身段与学生一起深入文本内部进行体验、分析、探究。我们应该引导学生在他们认识的基础上去拓宽、延伸、发展。这样，学生才能真正有所收获。

我们要在教学中充分体现学生的主体性，就必须让学生感受到学习给他们带来的挑战，又能让他们有一种成就感，教学要在这二者之间取得一种调和。我们要把真正的学习主动权交还给学生，让他们将自己的困惑，自己感触最深的地方记录下来，或者作为问题提出来，作为我们教学的资源。只有学生的自信心树立起来了，我们才能激发学生的活力和动力，激活学生的思维，最大限度激发出他们探求知识的欲望。

语文教学不是一个教师表演场所，而应该是教师提供给学生的一个平台，这个平台是学生发展的平台、提高的平台、展示的平台，在这个平台上，教师不是舞蹈者，而是一个指挥者，真正表演的是学生。教师只有让学生在这个平台上充分地表演，让学生的合唱成为课

---

① ［加］英格丽德·约翰斯顿著．郭洋生，邓海译．教育科学出版社 2007 年 2 月第一版。

堂教学的主旋律，才能真正获得我们所预期的教学效果。

这个平台的基础不是别的，就是学生的认识，就是学生内心产生的困惑。这些也就是学生自主学习产生的疑惑，或者是学生自主学习产生的认识，这些认识是我们语文教学的基础，在这个基础上的教学才是最有效的教学。我们把学生提到教师的高度还是我们在学生的原有基础之上的进一步发展，这的确是我们每个语文人需要思考的。

因此，要真正做到这样，我们必须要从让学生提出问题开始，必须把问题提出的权利交给学生。让学生在提问中去思考文本、探究文本。探究教学是从问题开始，从问题入手，把提出问题作为探究教学的重要一环。我们紧紧扣住问题，把提出问题、解决问题的主动权都交给学生，让他们围绕问题展开合作交流与探究，从而最大限度调动了学生学习的积极性、主动性，凸现学生的主体地位，彰显学生的个性特征。

（三）基于学生的个性化解读进行探究

从学生的问题出发，就要求我们要尊重学生个性化的认识，我们要从这些认识出发，领着学生走进文本。我们说："有一千个读者就有一千个哈姆雷特"，学生的生活阅历不同，思想境界不同，他们看问题的出发点和角度不同，他们得到的答案也就不同。

任何文本都是作家思想情感的产物，是作家抒写内心世界的产物，我们没有必要将文本抬高，让学生感到文本是多么神圣的东西。我们要让学生学会平视文本，从文本中触摸作家的思想感情，触摸作家灵魂深处的东西。只有这样，我们的学生才敢于提出问题，敢于挑战权威。可以说，作为文本来说，我们是站着学习还是跪着接受，这在很大程度上决定了我们的学习质量。

（四）基于课堂教学学生主体作用发挥进行探究

尽管我们的新课程改革将学生的主体地位放在课改的主要方面，但是，由于受到传统教学模式的影响，在课堂教学中，学生的思考力并没有真正得到培养。教师讲，学生听；或者是教师提出问题，学生回答问题；或者教师提出问题学生合作学习，最后教师归纳总结。这样的课堂教学中，学生没有思考的时间，思维还是随着教师的思维转动，学生对文本思考的深度、广度都严重不足，导致教学停留在一个很浅的层次上。学生的主体地位还没有从根本上得到体现，教师对课堂的霸权还没有得到有效的遏制。虽然我们进行了大量的课堂教学改革，把学生的主体地位放在一个重要的改革目标上，但是，能够充分发挥学生的主体作用的教学并不多，学生在课堂教学中的被动局面并没有多大的改观。

比如在教师主体作用的发挥上，我们还没有找到一条行之有效的方法，特别是在合作探究性学习中，更是如此。合作学习似乎是最能体现学生的主体地位的一种教学方法，但是，由于教师的教学水平、个人素质等的影响，许多时候，合作学习并没有真正发挥其应该有的作用。关键是我们的教师在放开学生之后找不到一条行之有效的方法来组织教学。一放就乱，一收就紧的局面还是困扰一线教师的一大难题。有些课堂教学看起来课堂气氛很活跃，学生是放开了，但是这只是一种表面的热闹，学生内在的心理并没有真正地动起来，外动而内不动。也就是说学生的思维并没有被激活，表面的热闹并不能掩盖内在的苍白与虚弱。这样的教学是很难培养出有思考力的学生的。教学只有学生的思维被激活，让学生处在一种思考的氛围中，这样，才能真正获得应有的教学效果。

教师主体作用的发挥就是教师找到一条有效地发挥作用的途径和方法。教师既有所为，又要有所不为，大象无形，庖丁解牛，教师在无为之中有所为，才能达到最佳效果。可惜，许多时候，因为凸现学生的主体地位，我们的教师削弱了自己在教学中的地位和作用，他们找不到自己的位置，也不知道如何去有效地发挥自己的作用。所以，热闹的背后是教师主体地位的失落。

还有些课堂教学设计的问题很多，课堂教学的程序很繁杂，一环套一环，环环相扣。看起来很精彩，但是其实质是教师表演，学生对文本的认识还停留在原有的认知水平上。

语文教学是最具个性的教学，是最能发挥学生的个性特长的教学，发挥学生的个性特长，培育学生的个性特长，让学生的个性在我们的语文教学中得到张扬，这是我们教学努力的方向。"钱学森之问"：我们为什么出不来创造性的人才，关键就在于我们的这种教学方式和方法，在于我们的教学将学生教得没有了问题，学生没有了思考的能力。一切以教师的说教为准，以正确的答案为准。我们的学生不知道任何答案并不具有唯一性。我们的考试总是将标准答案作为评价的标准，学生不敢提出自己的意见，不敢去进行个性化的表达，更不敢去挑战权威和传统的看法。在这样的教育氛围中，学生失去了独立思考的能力、批判质疑的能力和反思自我的能力。教育不是把学生教的没有了问题，而是在没有问题的地方教出问题。因此，能不能将学生的问题意识培养出来，能不能让学生在富有个性化的环境中成长，这就成了考量我们教育的最大标尺。造成这种现象的根本原因就是我们传统课堂教学结构。这种固化的、僵硬的、死板的课堂教学结构，毫无生机可言，师生像机器按固定程式运行，既不利于教师创造性地教，也不利于学生创造性地学。

课堂教学改革就需要从改变课堂教学的结构，改变课堂教学中学生的学习方式入手，将课堂真正变成学生的学堂。

（五）基于创新性学习进行的探究

尽管我们时下有生本教育，有学案教学法等各种全新的方法，这些方法在一定程度上冲破了传统课堂教学的束缚，给课堂教学带来一股清新的风气；也在很大程度上改变了课堂教学的结构，打破了课改的僵局。但是，这些方法也有很大的局限性，也就是他们都是从教师的教学预设出发来进行教学，问题还是由教师提出，学生学习思考的范围还没有超越教师思考的范围，这样，在很大程度上束缚了学生的手脚，限制了学生的思维，十分不利于学生的全面发展。

那么如何才能真正发挥学生的主体作用？如何才能真正有效培养起学生的思考力？教师如何才能找到一条有效发挥自己作用的方式和方法？这都是我们需要探索和研究的问题。

全新的课堂教学模式需要使用全新的思维。探究性学习与传统的教学方式截然不同，我们就应该从另一个角度来思考我们的教学。作为探究教学来说，探究的一般过程是发现问题、提出问题、解决问题，因此，我们的语文教学也需要从这个角度来思考，遵循一般探究的规律，让学生从发现问题开始，只有发现了问题，提出了问题，学生才能进入到问题的情境之中，也只有进入问题情境之中才能激发起他们积极探究问题的欲望。因此，我们的教学把问题的提出作为教学的中心环节，围绕学生的提问，让学生展开充分的自主学习、自主交流、合作探究，从而最大限度地调动学生的学习积极性、主动性，很好地发挥学生的主体作用。

因此，问题是我们语文教学的起点，也是语文教学给学生发展提供的一个平台。

在当前高度信息化的时代和社会背景下，碎片化知识随处可得，知识不再是难以获取的东西。如何对碎片化知识进行整合、如何运用知识，成为当今教育与社会更为关注的问题和挑战，也为培养人才的目标和教育策略提出新的前所未有的挑战。

美国著名心理学家奥苏伯尔在《教育心理学：一种认知观》一书中写道："假如让我把全部教育心理学仅仅归结为一条原理的话，那么我将一言以蔽之：影响学习的最重要的因素，就是学习者已经知道了什么。要探明这一点，并应据此进行教学。"

从知识为中心的碎片化学习转向问题解决的整体性学习，是核心素养背景下深度学习的必然要求，更是实现核心素养教学转化的必然选择。因此，教师在课堂教学中要转变重知轻人的观念，抓住学生的认知障碍点、思维矛盾点、情感体验点和智慧生成点，引导学生开展基于问题解决的整体性学习，实现问题共振、情感共鸣和智慧共生。"目中有人"是核心素养教学转化的前提。

真正有效的学习，是基于学生问题的整体性学习，而不是以知识为中心的碎片化学习。整体性学习遵循学生的认知规律，强调问题解决策略，先见森林后见树木，有利于培养学生的批判性思维，具有整体大于部分之和的功效；碎片化学习遵循知识的逻辑顺序，只见树木不见森林，导致学生的学习处于支离破碎和零敲碎打的状态，如同走迷宫，效益低下。

总而言之，语言建构与运用、思维发展与提升、文学鉴赏与创作、文化传承与理解是语文界最新研究总结的语文四个核心素养。这四个核心素养之间并非并列关系，而是多重交叉关系。

二、"三步自主合作探究教学法"的理论基础

（一）建构主义的理论

建构主义的知识观认为，知识是学生自主建构的。"三步自主合

作探究教学法"非常重视学生自主知识建构的过程,将自主学习、自主提问、自我探究作为合作探究的前提。我们将课堂教学分为自我建构知识阶段、自主提问阶段和合作探究阶段。自我建构阶段是基础、前提,没有这个基础和前提,其他阶段也就失去了意义和作用。在这个阶段,主要由学生与文本亲密接触,让他们充分地自主阅读,自主提问。通过提出问题促使学生深入地研读文本,将自主学习落到实处。在时间段的分配上,我们将一课时拿来让学生学习,通过查阅资料、查字词典等方式来进行自主学习,一方面培养了学生良好的学习习惯,另一方面又为学生自主建构知识提供了时间上的保障。第二课时,我们还是将课堂还给学生,让他们在自主提问的基础上,探索研究问题,既发挥个体的作用,又重视发挥群体的作用。促使学生在原有自主学习建构知识的基础上,进一步深化认识,建构更深刻的知识。

(二)人本主义的理论

人本主义理论是近年来比较流行的一种教学理论。人本主义提倡以人为本,要尊重学生,理解学生,要站在人的角度来理解学生的学习。尊重学生的差异,尊重学生的个性。在"三步自主合作探究教学法"中,我们非常重视每个学生的作用,重视发挥小组学习的合力作用。同时,我们也非常重视学生的自我建构知识,重视每个学生的认识,力争理解他们认识的源头,从思维上理清他们的思路。从他们的需求出发开展探究性学习,在满足学生需求的同时,发展学生的智力,提升学生的学习力。

(三)读者反映文论

读者反映文论认为文本的意义是不确定的,而是经过读者的阅读活动而建构的。文本的意义是在读者的阅读中实现的。没有学生的阅读活动，文本的意义将毫无价值可言。作为三步自主合作探究教学，我们十分重视学生自主阅读文本的过程，十分重视学生自我建构文本意义的过程。把自主阅读文本作为其基本的教学过程。我们认为，只有学生经过自主阅读活动，建构起文本的意义，合作交流探究活动才能真正发生。语文教学的有效或者高效，首先是学生自主学习、自主阅读的有效或者高效。这是我们有效教学的前提和基础。

（四）参与式教学理论

参与式教学即根据学生的实际需要和愿望，以主体性为内核，以自觉性、选择性为特征的学习。参与式教学认为教学的艺术不在于传授的本领，而在于激励、唤醒、鼓舞。"三步自主合作探究教学法"把学生的参与作为重点内容，重视让每个学生都参与到教学活动中来，重视发挥每个学生的合力作用。参与式教学的理论是我们十分重视学生思考力的培养，提供机会让每个学生都发表意见和看法。教师对学生的认识不做过多的干扰，让学生真正成为学习的主人。

三、"三步自主合作探究教学法"的操作流程

在教学中，"三步自主合作探究教学法"遵循学生自主学习、提出问题—学生交流、筛选问题—合作交流、探究问题。

第一步是学生的自主学习，提出问题阶段，我们总称之为质疑阶段也就是说学生自主阅读文本，在阅读文本的过程中将自己有疑惑

的地方记录下来，作为问题，准备在课堂活动中交流探究。同时，还可以将自己的感受和认识记录下来，作为和同学交流的东西。在本阶段中提出问题是主要任务，意在培养学生的问题意识、思考能力，养成学生良好的阅读习惯。

在本阶段可能会出现学生不会质疑，找不出有价值的问题，特别是在初始阶段。这时候教师要进行引导：或者明确学生提问的方向；或者提出一个思考提问的维度；或者提出一个问题启发开导。

一般情况下，一个文本可以从这样几个维度上来思考提问：第一个维度是有关字词方面的，哪些字词的含义不是很理解，找出来，查字典词典解决；第二个维度是有关人物言行神态的。主要让学生思考人物的某个言行神态中包含着怎样的思想情感，从中可以看出人物有哪些内心活动等；第三个纬度是有关重点词句含义的理解和认识的，可以让他们找出一些含义深刻的语句，体会这些句子的内在含义是什么；第四个维度是有关文本结构的。通过这样的一些维度的提示，学生寻找问题就容易多了。时间长了，学生拿到一个文本，就能很快地进入问题状态。

对于提出问题，我们可以放在课内进行，也可以以前置性作业的形式来进行。这要根据具体的情况来确定，根据学生的学习状况、文本的难易程度以及文本的长度等来确定。一般来说，文本较难的，较长的，为了节省时间，可以以前置性作业来完成。

为了开拓课堂教学空间，对文本中一些知识性的问题，我们可以通过前置性作业，让学生通过查阅资料来完成。对学生没有能提出而教师又在教学预设中预设了的一些重要问题，教师可以以商量的语气，以学生的身份提出来。避免教师的问题干扰学生的问题，或者给学生造成一种心理上的压力。比如，大家提出了这么多的问题，老师也有一个问题不理解，想请教大家，不知道哪位学生能够帮老师。这样可以解除学生的戒备心理，激发他们思考的积极性，这很好地解决了教师在三步自主合作探究法中的角色问题。

对于小学生来说，字词方面的问题是非常重要的，为了夯实学生在这方面的基础，我们在本环节专门有一个需要自主学习字词，合作交流，查阅字词典解决字词的环节。首先要让学生自主画出重要的词语，然后相互交流，搞清楚词意。然后，教师课件出示需要掌握的字词，和学生一起进行学习，并检验学习的效果。

在提出问题阶段，我们首先让学生和文本接触，经过自主阅读，反复思考，将那些不懂的问题记录下来，标示出来。我们为了让学生真正深入到文本之中，在阅读之前就有明确的任务，要求他们提出问题，不仅是自己不懂的问题，还可以是学生认为有价值的问题，这样，激发了学生阅读文本、思考文本的积极性和主动性，也在某种程度上激发了他们探求文本的欲望。为了使这一环节不走过场，我们要求每个学生将问题标注在书上，这为下一步的筛选问题做准备。这个阶段，关键在自主，教师不要过多地干预，放开学生的手脚，真正达到放牧生命的境界，才能真正有所收获。没有自主性，也就没有合作探究性，因此，做好本阶段的工作是最难，也是最有价值的。

传统的课堂教学更多的是教师讲解，给学生思考的时间很有限，虽然也有合作学习这个环节，因为学生自主学习不充分，自我建构知识的过程不完整，学生对文本只是浮光掠影地看了一下，就要让他们进行合作交流，合作交流难免流于形式，这也许就是当下许多合作学习，生本教育不能出效果的根本原因吧。因此，"三步自主合作探究教学法"非常重视学生自我建构知识，自主阅读文本、思考文本这个环节。这个环节一般需要半节课时间。经过本环节的学习，学生已经对文本有了一定的思考，也提出了他们认为需要讨论的问题或者他们困惑的问题。此时，教师可以进入第二个环节，筛选问题阶段。

作为一种阅读活动来说，学生能不能提出问题以及提出什么样的问题，反映了学生阅读文本的状况，也可以看出学生对文本理解的程度。对于探究性学习来说，学生有了问题，才去进一步思考问题、探究问题。因此，自主阅读提问阶段非常重要，是下几个阶段的前奏。第一阶段的路铺好了，第二阶段的路就好走了。

就目前来说，长期的师问生答的教学模式，使得学生的质疑批判思维严重不足，难以激发学生自主探究问题的欲望。因此，让学生提出问题，看起来很是简单，但是真正实行起来却并不容易。要克服传统教学的惯性对学生的影响。学生可能不会提出问题或者是还像往常一样的等、靠、要。因此在本阶段，可能会出现学生提不出有价值的问题，学生的问题零散、不成体统，或者干脆不提问题，这些都需要教师在初始阶段加以引导，对学生提出的问题不但要分类，还要进行点评，这样促进学生深入思考他们提出的问题，认识他们自主学习的不足之处。

第二阶段，我们称之为自主合作，筛选问题阶段

对于小学生来说，他们在开始阶段可能会提出许多问题，有些不是问题的问题也会出现，对于这样多的问题，我们教师该如何处理呢？我们特别设置了筛选问题这一教学环节。在本阶段，经过前一阶段的自主学习，学生对文本有了一定的认识和思考，大部分学生能提出他们的问题，但是由于学生能力大小不一，他们提出的问题也就千差万别。为了提高课堂学习效率，节约课堂时间，我们让学生合作交流问题，然后筛选出他们小组认为最有价值的问题，让一部分没有思考价值的问题得到过滤。

本阶段的学习是自主性和合作性相互补充的一种学习。问题提出以后，小组之间交流问题，提出一些他们小组内的问题。对一些小组内可以自主解决的问题，学生可以合作解决，对不能解决的问题，形成小组问题，以备进一步全班交流。

在这个阶段，学生通过自主阅读，自主提问，合作交流获得了对

文本一定的认识，他们对自己的一些问题开始进行思考。此时进入探究阶段。不过这种探究还是初步的探究性学习。这种探究是自主地、自发地，是不成系统地。在这个阶段学生可以查阅他们手头的资料，也可以和其他同学一起探讨商量解决，还可以向老师求教。通过这个阶段的合作交流、自主探究，学生的大部分问题就可以解决。剩余的那些学生不能解决的问题，就成为我们探究学习阶段需要解决的问题。

在小组筛选问题阶段，一般要经过这样几个过程：汇报—质疑—辩论—筛选。汇报就是每个学生汇报自己的问题，其他同学倾听、分析判断，对他的问题做出价值上的判断。要求学生不轻易否定别人的问题，必须要善于倾听别人的观点，对别人的观点要善于辨析，要说出理由。质疑，就是对别人的问题的一种"挑剔"。看他的问题是否有价值，是否触及文本的实质、是否贴近了文本。文本中的哪些内容能说明这个问题，或者他提出的哪些内容不能说明这些问题等等，都要在小组内进行交流探讨。经过本环节，学生更进一步深入认识了文本，同时，这个过程也是学生对自我的一种深刻的反思。此时此刻，学生有了自己的思路，对自己的问题也许会理出个头绪。

这一步承接上一步，是上一步的深化，也为下一步的深层次的探究性学习扫清了障碍，铺平了道路。经过这一阶段的筛选问题，学生的问题大大地减少，一些无关紧要的问题也得到了筛选，这就为集中精力解决那些学生不能自主解决的问题铺平了道路。

第三个阶段，就是对核心问题的探究阶段

经过前一阶段的自主学习，一些简单的、不需要教师启发诱导的问题，学生已经解决了。这样就大大地简化了课堂教学程序，避免了在一些不必要的问题上花费时间，节约出来的时间，可以让学生思考那些需要集中精力思考的问题。既经济，又高效。

在这个阶段，小组展示他们提出的问题，并且将他们思考的问题的结果展示出来，其他小组聆听、分析、判断。如果展示小组的答案有问题，其他小组有补充的地方，可以让他们充分补充。

教师重点在启发诱导，让学生掌握一些必要的探究的方法。分析问题，看问题的核心和实质是什么，怎么解决问题。根据问题进一步阅读文本，寻找相关的材料支持问题的解决。

本阶段，主要经过提出问题—展示思考结果—其他小组补充完善或者小组再次合作探究—教师点评，得出结论。

我们以自主合作学习举手最早的为第一个发言人。他们上台汇报自己的问题，比如他们小组筛选出几个问题，他们思考了哪些问题。其他小组认真聆听，对他们不完整的地方可以让其他小组来补充完整。为了鼓励质疑，我们还鼓励学生对别人的答案进行质疑。在这个阶段，对学生的答案无论有多么的离谱，教师都不要过多地干扰学生回答，应该让他们充分发表意见和看法，让每个同学的思想都在阳光下运行，这样我们才能真正有所收获，学生也才能够有所发展。

一般来说，筛选出的问题就是我们课堂教学需要解决的问题。有些教师害怕学生筛选出的问题不是教师预设的问题，或者是与文本无关痛痒的问题？其实，在大多数情况下，一般学生的问题还是在教师预设的范围内。对那些实在没有意义和价值的问题，教师可以明示以后忽略不顾。还有一些问题看起来偏离了文本，但是如果我们教师稍加延伸，也许就会将问题引申到教师需要的问题上来。这就需要我们有一双敏锐的眼睛，善于从这些问题中发现有价值的线索，将这些看起来没有意义和价值的问题延伸到我们需要的问题上来。

在实施过程中，虽然经过了筛选，但是学生提出的问题还是比较多。课堂教学不可能完全解决学生提出的问题，教师应该根据问题决定讨论时间的长短。对一些重点问题教师可以拿出更多的时间来讨论交流，力争让更多的学生发表自己的意见。

在实践中，因为学生提的问题比较多，有些小组的问题还没有来得及展示就下课了。对此，有些教师提出能不能让教师首先根据学生提出的问题，教师做筛选，然后再让学生围绕这些筛选的问题，进行课堂探究学习。我们并没有采纳这种意见（钱梦龙老师就采用的这种方法）。一方面，筛选问题是对学生的一种锻炼，也是凸显学生主体地位的一个有效的途径，有这个过程和没有这个过程是大不一样的。另一个方面，课堂教学只要抓住一两个问题就可以了，关键在于对问题挖掘的深度和广度。

对一个文本来说，我们认为，一节课时间段内能够集中精力讨论一两个问题也就可以了。只要抓住主要问题，牵一发而动全身。整个课文就可以理解了。同时，集中精力解决一个问题，可以很好地锻炼学生的思维能力。

我们认为语文教学的根本还是要锻炼学生的思维能力，让学生的思维能力处于张力状态。过去，我们总是提出许多问题，我们总是设计许多教学活动，课堂看起来丰富多彩，也很具有艺术性和看点，但是，对学生而言则作用和意义不大。我们每个问题都要学生思考回答，而思考的时间又是那样的短暂，学生对文本的学习与思考、学生对问题的思考都停留在表面，蜻蜓点水，看起来面面俱到，但是起不到真正锻炼学生思维能力的目的。

"三步自主合作探究教学法"中的教师做什么呢？在第一、第二个阶段，主要将问题交给学生，学生是学习的主体，教师一般不干涉学生的学习，只是在一边监督督促学生的自主学习，使学生的自主学习达到充分与完满。在第三个阶段，教师要善于发现学生问题的价值，善于要将学生问题的价值挖掘出来，将他们一些不着边际的问题引导到我们文本中来，让他们贴近文本来思考问题，提出问题。教师要做好的是点评工作。对学生的认识问题要进行点评，促使他们进一步思考。

总而言之，三步自主合作探究法解决了学生不会提问题、不会解决问题的难题，同时，也在最大程度上训练了学生的思维能力，提高了课堂教学的效率，是比较理想的一种教学方法。

"三步自主合作探究教学法"层层递进，环环相扣。将学生的自主学习放在突出的位置，很好地体现了以学生为主体的教学原则。它既是对一般意义上的合作探究学习的一种继承，也是一种突破，是一种能有效提高课堂教学效率的高效的教学模式。

"三步自主合作探究教学法"操作流程图示：

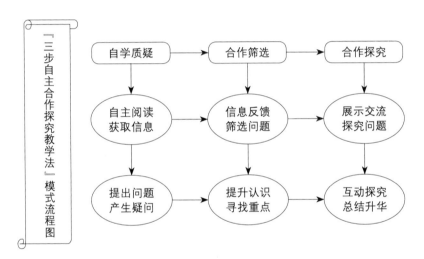

四、"三步自主合作探究教学法"的特点

（一）高效性

当前，从上到下都在进行高效课堂教学模式的建构的研究。但是，高效课堂教学模式怎样来建构，如何才能真正使我们的课堂教学高效起来，或者有效起来，这确实是一件不容易做到的事情。从我们的教学实际情况来看，大家喊得多，做得少。提倡高效得多，实施得

少。许多教师怀疑语文能不能高效，理由是语文是慢功夫，语文能力的形成和语文素养的提升不是一蹴而就的。我们并不否认语文是慢功夫，也不否认语文素养的提升不是一朝一夕的事情，但是，我们并不能因此就说语文课堂不能高效。语文课堂的高效是指语文课堂的效果，是我们的语文教学对学生的影响程度。否定语文课堂的高效，也就在某种程度上否定了我们的语文教学。作为语文教学来说，语文课堂需要培养学生的语文能力，提升学生的语文素养，让学生在课堂活动中获得最大的收获，这种收获既是语文知识，又是语文能力。有一些教师对高效认识不到位，认为高效就是更多地给学生知识，让学生获得更多的知识。于是他们加大课堂教学的容量，开拓课堂教学的空间。的确，语文需要学生学习知识，也需要开拓课堂教学空间，但是这些都是外在的。还有一些教师认为高效课堂教学就是提出许多问题，学生回答问题。于是，整个语文课堂教学成了问答式的课堂。的确，回答思考问题，是我们教学的常规，但是，如果问题过多，过滥，不但起不到训练学生的思考的目的，还在一定程度上淹没了学生的思维能力。

我们认为，语文教学不但可以有效，而且还可以高效。其核心是激发学生的探求欲望，真正凸显学生的主体地位，将课堂真正还给学生。作为语文教学，根本的还是锻炼学生的思考力。对此，叶圣陶先生早有论述。作为一堂有效的语文课堂，应该是学生思维处于最大张力的课堂，是学生的思考力得到最大锻炼的课堂。语文决不能仅仅停留在感悟的层面，而应该透过现象认识本质。把蕴含在文本背后的作者的思路理清楚，把言与意之间的关系搞清楚了，语文教学才算是真正的有效了。

"三步自主合作探究教学法"将提问的主动权交给学生，让学生在一开始就处于问题状态，整个语文课堂教学也是从学生问题生发开来，贴近学生的思想实际，这在很大程度上调动了学生思考的积极性、主动性，激活了学生的思维，激发了他们强烈的探求的欲望。同时，"三步自主合作探究教学法"简化了课堂教学程序，打破了传统课堂师问生答的教学惯性，把课堂真正地交还给了学生，是真正意义上的生本教育。"三步自主合作探究教学法"不将教师的教学预设作为教学的过程，整个教学过程都是开放的，以学生的自主学习、合作探究作为教学的基石，重视问题解决的过程，重视发挥学生在解决问题过程中的作用。

（二）简洁性

有效课堂教学或者高效课堂，关键是简化课堂教学程序，把师生从烦琐的课堂教学中解脱出来。目前，从我们的教学现状看，教师放不开手脚，一问一答式的教学还没有从根本上得到改变。这种教学方式看起来直指教学目标，但是，其实真正离教学目标还有很大的距离。那么如何才能真正地提高语文课堂教学的效率，如何才能让学生真正地从烦琐的问题中解脱出来？这是我们课题研究首先碰到的问题。解决好这个问题，我们的语文教学就会提高效率；解决不好，语文教学就不会有什么突破。

作为语文教学根本的不仅是理解文本，更主要的是从理解的过程中获得一种思考的能力，这种能力不是数学等学科的那种逻辑性的思维，而是带有形象化的逻辑思维，这种思维能力是语文教学所独有的。有了这种语文思维能力，学生认识生活、感受生活的能力会大大的增强，自然写作能力也在这样的过程中得到培养。语文教学的无效或者低效就体现在语文教学根本就没有培养起学生的这种能力，自然学生的写作能力也就谈不上。因此，思考力的培养是语文教学的中心任务，而要培养学生的思考力就必须把学生的学放在首位，实现学生主体地位、发挥学生主体作用。

三步自主合作探究法将课堂时间还给学生，给他们更多自学学习时间，更多交流、讨论时间；也给他们更多思考的时间，传统课堂教学中那些烦琐的教学过程没有了。"三步自主合作探究法"首先是自主学习，然后是合作学习，最后是合作探究。具体说来，我们将课堂教学程序分为三步。每一步都以学生为主体，把学生放在重要的位置，都要促使学生思考文本、研究文本、探讨文本。学生的这些思考结果，只要在课堂中展示就可以了，教师根据学生的展示，了解学生的思想状况，了解他们对文本的认识情况，这对教师下一步的教学奠定了基础。这既使学生的主体地位得到了充分的体现，又大大地简化了课堂教学程序，使师生从烦琐的课堂问答中解放出来。

在这个过程中，学生自主提问，自主解决他们能够解决的问题，思考一些他们疑惑的问题，探究一些他们能够探究的问题。最后，学生不能解决的，或者他们内心还有疑惑的，或者是他们解决不彻底的问题，就是我们课堂教学主要解决的问题。

经过学生的汇报交流，解决了大部分问题。第三步，教师就可以让学生就一些深层次的问题、核心的问题展开深入讨论，这样，学生的思考问题的时间会大大地增加，讨论交流的机会也会大大地增加。

总而言之三步自主合作探究法是一个整体，每步之间环环相扣，步步相连。第一步是自主学习，自主阅读，自主思考，提出一些问题，目的是让学生熟悉文本、思考文本，提出问题，提高学生的问题意识。课堂教学过程的简化，为学生自主学习、合作交流提供了充足的时间。

（三）思维性

"三步自主合作探究法"是有效培养学生的思维能力的一种教学方法。"三步自主合作探究教学法"从始至终都以学生为本，把问题的提出作为教学的重要一环，作为探究教学的前提条件，有没有提出问题以及问题提出的质量都决定着语文课堂教学的效果。无论是问题的提出，问题的解答，以及问题的探究都是根据学生的实际情况来确定的，整个教学过程中，学生的活动占据主要的地位。

因此，"三步自主合作探究教学法"的课堂教学的生成是建立在学生认识的基础之上，建立在学生充分思考的基础之上。学生的问题，学生的探究认识都构成语文课堂的教学资源，更主要的是"三步自主合作探究教学法"把学生放在问题情境之中，促使学生去主动积极地思考问题，这样有效地培养了学生的思考力。

"三步自主合作探究教学法"把探究作为学生学习的主要方式。学生就是在提出问题中产生探究的欲望，学生对所探究的问题有浓厚的兴趣。探究教学首要的就是要让学生获得问题意识、探究能力，形成质疑性、批判性思维，激发起他们探究的欲望。因此，"三步自主合作探究教学法"十分重视学生对问题的思考，重视学生对问题探究的过程，并且将学生的认识作为课堂生成的重要资源。过去，我们都是教师提问，学生回答。因为问题不是从学生那儿得来，学生思考问题的积极性和主动性都不是很强烈。同时，教师提出的问题有很多，设计的教学过程又很烦琐，学生随着教师的教学节奏学习，跟着教师的课堂设计的过程来学习，学生思考问题的时间严重不足。所以难免使得语文学习浮在表面，学生难以深入到文本最核心的地方。而"三步自主合作探究教学法"将提问的权力交给学生，将文本学习的主动权交给学生，这激发学生学习研究文本的热情，增加了学生阅读文本过程中的有效注意，提高了他们自主阅读文本的质量。同时在学生提出问题之后，教师不急于解决问题，而是让他们自主合作筛选问题，这既是对问题的筛选，也是对文本的重新审视思考，更是对一些问题的合作交流解决。让学生解决了一部分简单的问题，解决了那些不需要在课堂上花费时间和功夫来解决的问题，这样就大大节约了时间。同时，教师只在学生不能解决的问题、需要学生深刻思考的问题上下功夫，这样，就使得学生的思想走得比一般的课堂远。因此，"三步自主合作探究教学法"是最有效的培养学生的思考力的一种教学方法，是最具效果的一种教学方法。

总而言之，"三步自主合作探究教学法"是一种全新的具有与一般教学法的不同特点的教学方法。"三步自主合作探究教学法"简化了课堂教学程序，培养了学生的问题意识、创新意识和创新能力，锻炼了学生的思考能力，可以说是一种能有效提高语文课堂教学效率的教学方法

五、"三步自主合作探究教学法"应该注意的几个问题

（一）自主学习是前提

自主是"三步自主合作探究教学法"的根，根深才能叶茂。语文教学的根是什么，就是学生的认识，这种认识不是教师强加给学生的，而是在学生充分自主学习，自主阅读深入思考文本的基础上的认识。这是语文教学的前提，也是学生进一步发展的基点。因此，"三步自主合作探究教学法"学生的自主学习占有很大的空间和时间。自主学习贯穿在整个课堂教学过程之中，自主提问，合作筛选到合作探究都是在自主学习的基础上来完成的，而自主提问又是基础中的基础。在自主阅读提问这个过程中，课堂寂然无声，但是此时无声胜有声，学生边读边思，此时，他们全身心投入文本之中，这时学生内心与文本充分对话，在这个过程中，学生初步建构起自己对文本的认识。

传统课堂教学，教师讲得多、学生学得少；教师讲得深、而学生

学得浅。课堂大量时间都浪费在一些不必要的环节上，学生缺乏深读深思的时间。因此，传统的语文教学的弊端就在于没有给学生充足的时间，没有让他们和文本充分接触，学生对文本的学习常常是蜻蜓点水，浮光掠影。学生没有深入到文本的内部，探究到文本的内核。因此，这样的教学要谈论所谓的语文能力，显然是不可能的。让学生和文本亲密接触，给学生充足的时间，让他们在文本之中去畅想、去遨游，这是语文教学的真境界。课堂教学中喧闹与安静是阅读教学的两种境界，自主的课堂、思考的课程、有效学习的课堂常常是安静的，而那些摆花架子的课堂，重过程而轻结果的课堂常常是喧闹的课堂。喧闹的课堂容易得到喝彩和掌声，而安静的课堂却能润物无声。"三步自主合作探究教学法"追求的不仅仅是喧闹，更多的是安静，是让学生安静地阅读、安静地思考。自主需要安静，展示需要喧闹。"三步自主合作探究教学法"的根本在学生的自主学习，自主提问，自主解决问题，其他两步都是在这个基础上来进行的。没有了自主性也就没有了"三步自主合作探究教学法"。在课时分配上，我们将前两步作为一课时，让学生充分与文本接触，充分自主研读文本。

（二）合作探究是重点

"三步自主合作探究教学法"的合作与流行的合作学习是有区别的。"三步自主合作探究教学法"中的合作是为了筛选学生提出的问题，形成小组问题，而不是以解决问题为目的的合作交流。合作中学生要呈现问题、评析问题，对问题的价值做出判断等。合作交流中一般要找出问题的段落，要能找出相关内容来回答问题，这样合作中带有一定探究性。每个学生的认识不同，他们思考的角度不同抑或是相同的认识，学生在语言表述上也有很大的不同。合作与交流就成为开拓学生思路、提升学生的认识、激发学生探求欲望的一个载体。只有合作交流了，我们的学生才能彼此了解认识，才能相互启发，共同提高。

"三步自主合作探究教学法"用一课时的时间解决学生的问题，教师引领他们探究问题的实质，这个过程中要充分放开学生，让学生充分发言，让每个问题的多种答案都得到展示，让每个小组的交流讨论结果都得到进一步探究。因此，"三步自主合作探究教学法"的探究是合作探究。问题是合作的结果，探究过程中也是集集体的智慧。问题呈现——回答相关内容支持——质疑、补充、丰富、完善，要经历这样一个探究过程。

（三）循序渐进是根本

对小学阶段的学生来说，我们进行探究性学习一定要根据学生的年龄特点、根据学生学习特点，不能超越学生的年龄，盲目进行探究性学习。我们要抓住小学生好奇心强、探究欲望高这样的特点来进行探究性学习。在教学中教师不能急于求成，要像教小孩子学习走路一样，逐渐放手，我们要从传统的教学逐步地过渡到探究性学习。教师要引导学生走一段路程，让他们逐步掌握一些基本的研究方法，把握探究性学习的一些基本策略，然后逐步放手。教师要适时把握学生的学情。教师要在这个过程中发挥资料支持者、过程指导者的角色。

（四）激活思维是关键

小学生形象直观思维能力相对较强，但是，他们的逻辑思维能力却严重不足。对语文学科来说，形象化是语文的最大特点，我们要充分利用这一特点，让学生在形象中去探求事理，在事理中感悟形象。我们通过探究教学在发展学生形象思维的同时，发展学生的逻辑思维。探究教学的核心就是要探究事物的理，就是要挖掘文本深层次的东西，探究教学绝不能停留在文本的表面。探究教学培养的是学生的探究意识和探究能力，最终培养的是学生深刻的思维能力。人文论提出以后，许多教师因为提倡人文性而架空了语文教学，因为提倡感悟而忘记了语文教学对学生思维能力的培养，语文教学始终浮在表象上，深入不下去。许多合作学习的根本弊端就在于有合作而无探究，徒有合作学习的形式，而忘记了合作学习的根本目的是什么。没有通过合作学习深入挖掘文本背后的东西，对问题只是浮光掠影，蜻蜓点水。

我们的语文教学重视形象思维、直观思维，但是，却不知道去培养学生的逻辑思维。我们的语文教学常常停留在一个较为浅的层次上，我们的语文教学重视让学生体验感悟，对文本内容理解的多，而对形式探究的少。而文本的结构中、形式中包含着作者的思路，渗透着作者思维的过程。因此，语文教学我们只有从内容入手，探究文本的形式，才能真正深刻地认识文本。没有将文本内在的东西挖掘出来，我们的学生常常游离在文本的外边，没有深入到文本的内核。这种浅层次的学习，是很难培养起学生的思考力的。学生思考力的培养有赖于学生对文本深层次东西的探究与挖掘。因此，从这个意义上说，探究性学习是一种高层次的学习活动。叶圣陶先生认为，语文教学的根本就是要培养学生的思维能力，这种思维能力的培养就是要在学生和教师对文本深入思考过程之中来培养，无论是对文本的结构还是文本的主题思想抑或是对文本内在的情韵的感受，都是在对文本内在东西深刻理解和认识的基础上进行的。我们只有触及文本的实质，感悟文本的核心内容，我们才能真正看到语文教学的效果。如果学生感受不到学习语文的好处，体验不到学习语文是一件充满冒险的事情。学习了半天，结果只会使他们失望。

（五）提出问题是基础

探究学习的根本目的是为了探索研究问题，把文本作为一个探究学习的对象。因此，问题的提出、问题的探究都要以学生为依托，紧扣学生的问题展开教学。也就是说，问题要从学生中来，学生在充分阅读文本、思考文本的基础上提出来。能不能提出问题，提出一些什么问题，问题的深度广度等都可以看出学生思想的动态和思想的状况。从学生的问题出发，易于激发学生探求的欲望，调动他们学习的积极性和主动性，发挥他们创造性的才能。

提出问题和发现问题是当前我们学生最缺乏的东西。我们不知道让学生提出问题，不知道让学生去主动发现问题。所有的问题都是由教师提出来让学生思考。长期这样教学，学生形成了思维的惰性。对于语文探究教学来说提出问题比解决问题更为重要。

六、"三步自主合作探究教学法"的三个层次

第一个层面是自主学习，提出问题层面。这是自我建构知识的层面。这个层面要解决的就是我们拿什么来让学生合作探究？也就是问题的来源。这个层面的问题解决了，我们才能谈到合作探究。第二个层面是建立在学生合作基础上的探究层面，这个层面是学生经过自主学习，自主提问之后，问题产生了，为了避免探究的盲目性和无目的性，让学生自主合作，解决一部分意义不大、价值不大、比较肤浅、容易解决的问题。这个过程表面上是筛选问题，其实质是一个反思自我的过程，也是一个深化对文本认识的过程，这也是产生思想火花的过程。经过筛选问题这个层面，学生解决一部分问题，这就为下一个层面上的合作探究

铺平道路。第三个层面就是师生合作探究问题层面。这个层面主要就是挖掘文本深层次的东西，训练学生的思维能力，培养他们探究问题的能力。探究性学习到这个阶段才算是划上了一个圆满的句号。

传统的语文教学都是由教师提出问题，然后学生回答，许多新课改中的合作学习也是如此。这样做可以很好地贯彻教学目标，突破重点、难点，最大限度地节约时间。但是，这样做的弊端也十分明显。它不利于学生主体作用地发挥，不利于学生学习兴趣地激发。新课程改革，提倡学生主体作用的发挥，但是，这种被动回答问题，合作起来解决问题的教学不能充分激发学生主体的探究欲，很难真正把学生主体作用发挥出来。

笔者认为，要学生能真正提升他们的主体地位，就是要将提问的权力交给学生，让学生在问题情境中学习。任何教学都是从学生的困惑出发，都是为了解疑释惑，也只有这样的教学，才是真正意义上的教学。因此，这种困惑就是基础层面的东西，教学就是从这个层面上展开的。许多时候我们的教师将这个层面上的东西代替学生做完了，学生在学习前就已经没有了多少动力和压力。

就我们的语文教学来说，无论是在生活中还是在社会中，抑或是在我们平时的教学工作中，学生都会产生许多困惑，比如对社会人生的，比如对生命意义和价值的终极追求的，或者是在阅读文本的过程中都会有这样或者那样一些解不开的疙瘩。这些疑惑或者解不开的疙瘩，就成为我们教学的重要资源，也是我们教学的起点。我们说合作学习，学习什么，许多时候，我们都是合作解答教师提出的问题，但是这些问题是不是学生心中真正的问题，这还需要进一步考证。同时，学生学习的动力、探究的欲望来自哪里？就来自于这种困惑。没有困惑就没有主动性，也就没有探究的欲望可言。因此，从探究学习来说，首要的就是提出问题。只有问题从学生这里产生，学生才有进一步探究的强烈愿望。新课程标准提出："语文课程应致力于学生素养的形成与发展"。提出问题、探究问题是学生素养的重要方面，也是学生创造性思维能力的培养的基础，我们应该重视学生提出问题的能力的培养。

第二个层面是建立在第一个层面的基础之上的。自主学习是个性化的，这些东西明显带有许多个人色彩，同时这些东西还需要进一步深化和升华。这深化和升华的东西就是第二个层面。提出问题是解决问题的前提，当学生提出问题之后，教师要引导他们进行交流，看他们提出的问题是不是有思考余地，思考余地有多大。一般来说，在初始阶段，学生提出的问题都比较多，我们统计，每个人平均要提出五到六个问题，每个小组提出多达十五个左右的问题也是很正常的。面对这么多的问题，我们该怎么办？每个问题都讨论交流，时间很有限，显然是不可能的，也是不切实际的。如果我们将这些问题放在小组之内，进行初步筛选，减少问题的数量，那效果就大不一样了。问题筛选是要经过小组内的激烈地辩论，教师对文本进行重新审视等，这样，一方面打开了学生思维的大门，另一方面促使学生深入去研读文本，应该说这是学生与文本的第二次亲密接触。

第三个层面是经过教师和学生的探究升华形成的东西，这是我们课堂教学的最终成果。课堂教学能不能有效或者在多大程度上有效，就看这个层面上生成的东西。一般的教师都很重视这个层面的东西，但是却忽视前面两个层次的东西。结果教师花费的力气很大，但是获得的收益却很少。这也是我们许多课堂教学没有效果或者效果不大的根本原因，也是学生对语文课产生厌倦的根本原因。难免有这样一些教师，他们总是以知识拥有者、真理的占有者自居。对学生他们总是不放心，深怕他们什么都不会，教学中他们不愿意放开学生的手脚，让学生自己走路，结果自然可想而知。

‖ 第七章 ‖
"三步自主合作探究教学法"
实施的条件及遵循的原则

　　任何教学都是建立在一定的教学条件之上，作为一种教学模式，它的实施需要一定的教学条件来支撑。那么"三步自主合作探究教学法"需要哪些方面的条件的支持呢？我们认为"三步自主合作探究教学法"实施条件从教与学这个角度来说是教师和学生。也就是说要有适合"三步自主合作探究教学法"实施的教师。教师的能力，教师的理念，教师应对课堂教学的应变能力等都是必要的条件。从教学的要素来看，教师要有能够实施教学模式的能力。任何方法都没有好坏之分，关键在我们实施教学模式的教师。好的教师能够在教学模式之中从容自如地去实施，而蹩脚的教师，无论是多么好的方法，到他那儿也会一塌糊涂。我们现在有许多教学模式，为什么许多教师拿过来之后效果不佳，或者适得其反。是这些模式不好还是我们的教师没有理解模式的内涵？显然是后者。教师只是从方法上来学习了一些皮毛的东西，没有真正把教学模式学到手，没有把它的精髓掌握，他们使用的模式都是走了样的模式。自然，这样的教学模式到了这样的教师手中，是很难发挥模式的作用的。因此，教师都是教学模式实施的最重要的条件，教师的教学水平直接关系教学模式。

三步自主合作探究教学，首先，对教师的素质提出了很高的要求，教师既要有很高的语文专业素养，更要有教学智慧。其次，要有实施这种模式的学生。也就是说学生也有一个适应模式的问题。"三步自主合作探究教学法"对学生也提出了很高的要求，学生要有主体意识，有强烈的问题意识，有与人合作的精神。学生能不能适应，关键还是我们在教学过程中在多大程度上去培养他们。模式的实施过程就是培养学生的过程。我们只有培养起学生的这种适应能力，我们的模式才能顺利进行。最后从教学的外部条件来说，模式实施的条件主要是教学环境。教师对课堂的管控、驾驭程度，课堂教学中师生之间关系的融洽程度，课堂教学过程中师生、生生之间的互动程度等，都构成了教学的内部环境。宽松的外部环境对我们教学模式的实施也很重要。学校领导、上级教育部门，以及整个学校的教研氛围等，都构成教学模式实施的外部环境。

一、教师

无论什么样的教学，教师都作为重要的教学主体而存在，教师作用的发挥都是教学作用发挥最重要的前提条件。

（一）教师是一种重要的教学资源

传统的语文教学教师是知识的拥有者，是是非的判断者，教师的任务就是将自己的认识想方设法让学生理解、掌握。而"三步自主合作探究教学法"中的教师角色发生了很大的变化。教师将课堂还给了学生，将课堂时间更多地给了学生，他成了学生的聆听者。他想方设法理解学生的问题，思考学生的认识，摸清学生的思想动态。学生需要教师不是为了获得教师的肯定，而是为了从教师那儿获得一定的认识，丰富他们的认识，深化他们的认识，使他们的认识更加完善、更加丰富、更加深刻。在"三步自主合作探究教学法"中教师是学生学习的一个支撑点，通过这个支撑点，学生的学习更有效、更丰富。所以，对于"三步自主合作探究教学法"来说，教师作用不是减弱了，而是增强了，只不过教师发挥作用的方式方法不一样了。传统课堂教师直接进行教学，而"三步自主合作探究教学法"中的教师发挥作用更间接，更具有促进推动作用。"三步自主合作探究教学法"中的教师做为一种教学资源，支持学生的自主学习，促进课堂知识的生成。

"三步自主合作探究教学法"中教师不直接讲授，而是通过对学生认识的点评、追问、质疑问难等促进学生反思自己的认识，进一步理清学生思路，拓展学生认识的广度和深度。

（二）教师要有很强烈的主体意识

课堂教学改革把凸现学生主体地位放在首位，但是并不意味着要弱化教师主体作用发挥，相反，教师主体作用的发挥具有重要作用，"三步自主合作探究教学法"中教师的作用不亚于传统课堂教学中教师的作用。传统课堂教学教师重在对课堂教学过程的设计，重视将自己的认识让学生接受。因此，教学设计总是把文本分解成几个有价值的问题，通过问题让学生理解文本。教师的这种先入为主的做法，剥夺了学生学习的自主权，忽视学生作为学习主体作用的发挥。许多时候教师设计的问题不一定是真问题，不一定对学生都有思考价值。学生对教师的问题也不一定就能真正理解认识。这种师问生答的教学模式，师生之间很难达到同频共振的效应。所以，传统课堂教学看起来教师很强势，但是，获得的效果并不明显。"三步自主合作探究教学法"中教师作用发挥建立在学生主体作用发挥的基础上，课堂教学更多是从学生学习的过程中来进行。教师高屋建瓴，高瞻远瞩，对学生学习中出现的问题，对学生认识上的不足，以及如何让学生更进一步去认识文本，教师都有清醒的认识。在课堂教学中教师与学生结成学习共同体。教师随时参与学生学习过程，随时分享自己的认识成果，润物无声。这种课堂教学过程并不精彩，但是学习过程却很容易出彩。

创造性来自于教师的主体意识和主体能力。"三步自主合作探究教学法"需要教师创造性地开展教学工作。教师对文本意义的建构具有很强的自主性，教师对文本有独特的认识和体验。他们不仰仗于教参，不听命于教参，一切都随学情而定。

（三）教师要有很高的语文专业素养，要有很宽广的教学视域

教师主体作用的发挥有赖于教师的专业素养，一个教师的专业素养决定了教师的语文教学的教学视域，这种教学视域以隐性的方式存在于教师身上，发挥着决定性的作用。语文素养高的教师的教学视域就宽广，他就有一种运筹于帷幄之中，决胜于千里之外的本领。相反，教师的语文素养低下，他的教学视域就非常狭窄，他们只是教参书的搬运工。在新课改中许多教师之所以放不开手脚，之所以唯唯诺诺，关键的原因就在于他们的语文素养偏低，教学视域不宽广。

教师素养的一个重要方面就是文本解读能力，文本解读能力决定教师的教学视域。许多时候，我们的教学之所以无效，关键就是我们的教师对文本的解读不深刻、不透彻。教学中教师放不开手脚的根本原因是我们教师对自己没有信心，他们的知识储备很难应付学生的千奇百怪的提问或者回答，他们很难从学生的回答之中找到教学的资源。有时候，学生的问题看起来并不入题，没有价值，似是而非，但

是，如果我们的教师再向前引导一步，问题的价值就显现出来了。有时候，由于学生语言的障碍，他们对问题的表达并不清楚，这时候教师就应该用明确的语言帮助其表达。教师只有有了很深厚的语文专业素养，他对文本解读的深刻透彻，他在教学中就能从容自如去应对教学中出现的各种问题。

尽管新课改我们把语文课堂教给学生，把提问的权力交给学生，但是这不等于教师无事可做，或者是教师不发挥作用，相反，要想使学生的合作探究学习有效果，教师必须要高瞻远瞩，高屋建瓴。要有运筹于帷幄之中，决胜于千里之外的课堂管理才能。对于语文教师来说，要做到这两点，教师就必须要有很深厚的文学素养，要能够对文本有很敏锐的教学敏感。笔者认为一个语文教师，他就像一个高明的中医师，善于把握学生思想的脉搏，善于厘清学生的思路。该补的时候要补，该泄的时候要泄。教师对学生的回答不但是简单地肯定与否定，而是知道学生答案的来龙去脉，能够很快地厘清他们的思路，对学生的问题能够知道他们提出的角度，知道他们是从哪个方面提出来的，他们是怎么思考的等。只有这样，我们的教学才能游刃有余，从容自如。

（四）教师要有机智的应变能力

"三步自主合作探究教学法"从学生的问题出发来进行探究性学习，许多东西都不是教师预设好的，这样就增加了课堂教学的不确定因素。这就要求教师在教学中有很强的应变能力、识别能力，能够从学生的问题中发现值得探究的线索。能够对学生的回答及时做出判断，能够对学生的认识及时给予延伸、拓展。要真正达到这样的要求教师就必须有很强的文本解读能力，解读文本的能力是一个语文教师的最根本、最基础的能力。许多时候语文教学的效果不佳，或者语文教师的反应迟钝，应变能力不够关键在于教师对文本解读得不深刻、不透彻，他们心中就没底，所以他们对学生提出的问题作出的回答就含含糊糊，模棱两可。教师只有吃透文本，把握住文本的精要，就能够在教学中从容应对。

（五）教师要有开放的心态和善于倾听学生的胸怀

多年来，师道尊严，教师总是扮演着全知全能的角色，教师总是高高在上，一副无所不知、无所不晓的样子。教师对我们的学生没有信心。他们总觉得学生这也不行，那也不行，教师总是习惯于扶着学生走路，生怕他们跌倒。一旦撒手，就感觉自己没有尽到责任。其实，学生具有很强的自主学习能力，特别是到了中高年级更是如此。如果我们适时将课堂教学还给学生，让他们在文本中去思索，自主地去探究，让他们在阅读文本中充分获得自我感悟，我们的教学才有可能获得更大的效率。

学习兴趣的激发有赖于学生自主意识的提升。学生自主意识的提升有赖于教学中教师善于放手、敢于放手。有时候，我们的课堂教学之所以提不起学生学习的兴趣，关键就是我们没有把他们的主观能动性激发出来，没有把他们的能量充分释放出来。我们总是把他们禁锢在一定的范围内，他们的思维受到一定的限制。这样的教学，学生很难有表现自我，展示自我的机会，这严重地挫伤了学生学习的积极性和主动性，使学生创造的天性遭到了扼杀。

对于"三步自主合作探究教学法"而言，教师要相信学生，要放下架子，和学生一起探究探索。不要为学生设定条条框框，要知道教学的资源，教学的生成不是教师预设好的，而是在动态的探索研究过程中师生一起探究文本而生成的。教师要善于发现学生问题的价值，善于引导学生认识自己，了解自己，从自我狭小的封闭圈中走出来。

（六）教师要成为学生的支援力量

尽管我们大胆地放开学生，让学生充分地和文本对话，建构起他们自己对文本的认识。但是，学生的认识毕竟是有限的，如果我们教师不能通过课堂教学使学生的认识充分地得到提升，让他们在合作交流中飞溅起思想的火花，那么我们的教学也不是有效教学。教师的作用不是教给学生知识，而是引导学生更深刻地认识自己，感悟别人。

作为"三步自主合作探究教学法"，教师的素质都起着一个重要的作用。"三步自主合作探究教学法"看起来教师的表现的机会不多，但是如果教师没有对文本进行深刻的认识，教师没有驾驭课堂的能力，那么"三步自主合作探究教学法"是很难发挥作用的。对于"三步自主合作探究教学法"来说，课堂教学的过程是以学生为主体，无论是提出问题还是解决问题更多的是由学生来完成，教师既要有所为，又要有所不为。教师要思学生之所思、想学生之所想，要知道学生认识的根在哪里，触摸学生的思路，然后有针对性地去质疑、点评、启发、诱导。台前表演的是学生，幕后操纵的是教师。教师如何处理学生提出来的问题，教师如何对学生提出来的问题进行处理，既不伤害学生的自尊心，又要将课堂教学引导到正规的渠道上来。这就要看教师的教学智慧。教师应该像大禹一样，采用挖渠引流、顺势而为的办法，让学生的思路更畅通，语言更流畅。

二、学生

"三步自主合作探究教学法"实施的第二个条件是学生，对小学生来说，"三步自主合作探究教学法"是否符合学生的学习实际，是否符合学生的年龄特点，学生是否具备自主学习的能力和意识等，都是这种教学模式成功的必要条件。而学生有没有这方面的能力，就需要我们在教学过程中去有意识地培养。任何教学模式都是这样，一方面要有与这种教学模式相符合的教师，另一方面我们要培养出适应这种教学模式的学生。

（一）学生要有强烈的主体意识

主体意识建立在学生自信心的基础之上，没有学生的自信心，也就没有学生的主体。从儿童的天性来说，学生都很喜欢表现，喜欢问问题，但是，我们经过一段时间的教育，学生没有了问题；学生喜欢在课堂上发言，但是，经过一段时间的课堂教学之后，学生不喜欢发言了。为什么？这除了学生随着年龄的增大，他们的自我保护意识有所增强外，还与我们的教学有关。特别是他们受到的挫折多了，他们的自信心也就逐渐地丧失。他们不再提出问题，也不再回答问题。学生的创造性的思维也就在这样的教学中熄灭。因此，培养学生的自信心，让学生们大胆地提出问题，大胆质疑教师和同学。教师应该对学生们的这种天性加以保护，勿使其受到挫伤。我们要像保护眼睛一样来保护学生的自信心。

在教学中，我们要培养学生的自信心，树立他们的自信心。就必须要相信学生、尊重学生、依靠学生、给学生留出时间和空间。教师要让每个学生都有参与到教学中的热情，让学习的过程成为他们表现自己，展示自己的过程。教师要善于放下架子，成为学生们的知心朋友。教师要善于聆听学生们的发言，善于发现他们的闪光点，善于从学生的认识出发延伸、升华、拓宽他们的思路。教师还要善于为学生厘清思路，善于从他们的问题之中发现有价值的教学资源。教学应该从学生中来，再到学生中去。只要我们树立了以学生为中心的教学原则，我们学生的主体意识才能真正得到保护，他们的主体意识才能真正增强。

（二）学生的主体意识建立在自主学习的基础之上

主体意识也是一种习惯，也就是我们的学生在我们的教学基础上形成的那种自主学习的习惯，有没有这样的习惯是检验学生主体意识的重要标尺。多年来我们接受式学习，使我们的学生已经没有了自主学习的习惯。课堂上他们是带着耳朵来听讲，却没有带着头脑来思考。学生总是处于一种被动学习状态。"三步自主合作探究教学法"重视学生提出问题，重视学生自主地思考文本，重视学生的合作探究，这些可以在很大程度上凸显学生的主体地位，培养起学生自主学习的意识。因此学生的主体意识不仅仅在学生，而在于我们教师在教学过程中的培养。教师只有放心地、大胆地让学生去自主学习，学生才能逐渐地树立起主体意识。

（三）学生要有一定的学习基础

"三步自主合作探究教学法"从学生的提问开始，从学生自主阅读文本开始。学生在阅读的过程中要对文本做出自己的判断与评价，这就需要学生有一定的学习策略，有一定的学习基础。"三步自主合作探究教学法"需要培养能自主学习的学生，需要我们教师在学生自主学习前有意识地培养他们的自主学习的意识和能力。在学生提问上，教师要求他们能掌握一些基本的提问策略，要给他们明示一些提问的方向，让他们知道如何提问，从哪儿提问等。同时，教师还要让学生掌握一些基本的文本解读的策略，为他们厘出基本的思路，提高他们自主学习的效果。"三步自主合作探究教学法"还需要我们从小学低年级开始就应该有意识地培养。低年级学生是最富有问题意识的年龄阶段，他们总喜欢问为什么，教师就应该注意让学生在学习的过程中多问几个为什么，特别是在学生没有问题的地方提出问题。在低年级，我们虽然不能使用"三步自主合作探究教学法"来施教，但是我们可以为学生将来中高年级的学习打基础。在低年级，我们重在保护孩子们的天性，重在呵护孩子们的自信心，使之免于受到伤害。

三、实施"三步自主合作探究教学法"的教学条件

（一）必要的信息技术条件

随着信息时代的到来，信息资源成了我们重要的教学资源，充分地利用信息资源，有效提高课堂的教学容量，最大限度提高学生的知识容量，这都成了语文教学的重要任务。探究性学习的基本要素就是要培养学生的信息素养，培养学生的资料意识，获取资料的能力，以及从资料之中提取信息的能力等。

信息资源为学生提供自主学习支持。学生自主学习需要学生通过网络，课外资料来理解文本、认识文本、建构知识。课外资料也在某程度上是一种交流、对话，这里的交流是和资料的交流，对话是和资料之间的对话。构建文本的意义除了要调动学生的生活经验、生命体验之外，还要通过获取资料，深刻理解文本、认识文本。因此，资料的搜集整理在很大程度上影响着学生自主学习的效果，影响着学生提出问题的质量和思考文本的深度。"三步自主合作探究教学法"重视学生搜集资料的过程，重视让学生从搜集的资料之中来获取有价值的信息，重视让学生按照一定的方式和方法搜集资料，让他们有目的、

有方向地搜集资料。同时，教师还十分重视学生对资料进行分析，重视培养学生利用资料的能力。

要重视培养学生查阅资料习惯的养成。传统语文教学更重视教师的教，却不重视学生查阅资料习惯的养成。比如生字词，我们没有培养起他们查阅字词典的习惯，再比如文本中涉及的一些知识性的东西，我们也没有有意识地让学生在课前查阅，学生养成了事事依赖老师的习惯。"三步自主合作探究教学法"特别强调自主，无论是课文中的生字词，还是文本中一些知识性的东西都要求学生来自主地查阅资料，翻阅字词典，以求养成他们阅读的良好的习惯。可以说信息技术为三步自主合作探究法提供了强有力的支持，特别是培养学生自主学习意识和能力，都发挥着不可替代的作用。

（二）要有宽松和谐的教学环境

所谓的教学环境，一般指教学的社会环境、学校环境和班级环境。就教学的社会环境来说，"三步自主合作探究教学法"需要在一种宽松的社会环境中来进行。尽管在小学阶段距离高考还很远，但是怕输在起跑线上的家长对孩子的要求却很高。他们只关注孩子的学业成绩，却忽视孩子的成长。社会的评价还是从学生的成绩来衡量教育质量，而不是从综合素质上来衡量学生的好坏。这样就给教师的教学加上了一道枷锁，也成了教师越不过去的一道坎。因此要避免从教学成绩来衡量教学效果，就必须从改善教育环境开始，特别是社会的教育观念。"三步自主合作探究教学法"是为未来培养创造型的人才，为学生将来的探究性学习做准备。所以，不能急功近利、急于求成。

就学校环境来说，学校的领导要开明、开放，要有很强烈的教学改革意识，要对新事物抱有积极的支持态度。当前，学校为了自己的政绩，只管成绩，不管教学改革。尽管教改挂在他们的口头上，在实际的行动上，他们还是以教学成绩来要求教师，还是以传统的教学来评价教师。这十分不利于"三步自主合作探究教学法"的实施。

就班级环境来说，教师要营造良好的民主的班级环境，要形成一种积极的、良性的、民主的班级学习氛围。

四、"三步自主合作探究教学法"遵循的基本原则

（一）自主性的原则

所谓的自主性就是将探究教学作为学生的一种自主探究学习的活动，提出问题，筛选问题还是探究问题，都将学生放在突出位置。教师不但要敢于放开学生的手脚，而且还要善于放开学生的手脚，把学习的时间，探究问题的主动权交还给学生。重视发挥个体的作用，同时又不忘发挥全体的作用，既重视发挥学生的作用，同时又不忘教师作用的发挥。

探究性学习是一种主体的学习活动，探究是主体的一种积极主动的学习活动。自主性的原则要求我们在探究教学中要把学生放在首要位置，把学生的自主学习作为探究教学的主要方式，无论是从问题的提出还是问题的解决都是在学生自主学习的基础上来进行。自主性还体现在对问题的探究过程之中。在探究教学中，让学生充分发表自己的看法，表达他们自己的观点，让每个学生都能够将自己内心的认识展示出来，与大家一起交流。

（二）问题性的原则

所谓问题性原则，就是整个教学过程之中以问题为抓手，特别是我们将学生置于问题情境之中，让他们自主阅读，自主提问，最大限度地激发他们探究的积极性主动性。从问题出发到问题解决这样一个过程，问题贯穿于探究教学的全过程。探究教学的问题不是教师预设的问题，而是学生在自主阅读学习的过程中产生的困惑，或者是学生认为有价值的，值得探究的问题。通过让学生提出问题，最大限度地激发他们探究问题的热情。通过自主筛选问题，探究问题，使学生的主体地位得到最大限度的落实。

同时，探究教学把解决问题作为教学的重要一环。通过围绕学生提出的问题，教给他们探究问题的方式和方法。特别是要让学生知道如何从文本之中寻找解决问题、支撑问题的材料，从而形成一种思维的惯性，严密他们的逻辑思维能力。同时解决问题要让他们深入地挖掘文本背后的东西，要在问题和文本之间建立一定的逻辑联系，使他们明确解决问题的基本的思路。

（三）开放性的原则

所谓的开放性的原则就是整个课堂是面对全体学生的，整个教学的过程是面对全体学生的，不把教师的教学预设作为限制学生自由的绳索，真正把课堂交还给学生，给学生最大的学习自主权。开放性一方面体现在课堂教学过程的开放，另一方面体现在课堂教学生成的开放。

过去我们总是把课堂限定在教师的教学预设之中，学生围绕教师的课堂教学预设活动，学生毫无自主性而言，学生只是为了完成教师的教学预设的一颗棋子，是为教师的教学预设服务的，课堂教学在一个封闭的教学环境之中进行。同时，就教学生成来说，也是限定在教师的教学预设的答案上来，超出教师教学预设的东西都成了多余的东西，或者被教师否定，或者没有机会展示。

探究性教学就是要根据学情来确定教学的过程，根据学情来确定教学的生成。把学生的学习贯穿在整个教学过程之中。让课堂成为学生的表演场所。让每个学生都在这个过程之中有所收获。

（四）引导性的原则

对"三步自主合作探究教学法"来说，教师的作用的发挥至关重要。虽然我们把课堂交给学生，成了学生的表演场所，成为学习的演练场所，但是，这并不意味着教师无所事事，无所作为。教师要有所为又有所不为。放开课堂不等于放纵课堂。教师要参与到整个学生的学习活动之中。要引领着学生往前走，而不是原地踏步。教师也不是将学生引导到自己预设的路上来，而是顺着学生的思路再往前走。

引导教学活动不是主导教学活动，主导是教师要把学生引导到自己的预设之中来，是对学生学习的一种过度干涉。引导是教师根据学生的学情，及时对那些明显具有错误的，或者是偏离了问题探究的路径，教师及时引导到正路上来。两者是有本质的区别的。引导是从学生中来，再到学生中去，是对学生的充分尊重基础上的一种引导。引导要考虑的是学生的思路是什么，为什么要出现这样的偏差，他们的问题出在哪儿，现在需要让他们明白什么。要让学生自己能明白过来，具有很强的自主性。

‖ 第八章 ‖
"三步自主合作探究教学法"的教学目标

　　课堂教学的目标是教学有效性的前提。有效落实课堂教学的目标，这是我们教学改革的最终目的。但是，当前，就语文教学来说，语文教学的目标是什么？一堂课的教学目标又是什么？这些都引起不小的争论。教学目标不同，我们的教学方法就会不同。

　　"三步自主合作探究教学法"是以学生自主学习为主的一种教学模式，"三步自主合作探究教学法"除了要达成一般的语文教学目标，还需要在这样几个方面达成教学目标。首先是问题意识的培养，这是三步探究教学法的重要教学目标。从问题的提出到问题的筛选，再到问题的探究，都在对问题的质疑、反思、批判中来完成。其次是学习能力的培养，"三步自主合作探究教学法"，放开课堂、放开学生，让学生在自主探究性学习中，提高他们分析问题、探究问题的能力，进而提升他们整体的自主阅读能力。再次是"三步自主合作探究教学法"对学生主体意识的培养。"三步自主合作探究教学法"通过自主提问环节，使学生形成自主学习的意识，破除等、靠、要的思想。也使学生养成主动学习、积极思考的习惯。

　　任何目标的达成都要通过课堂教学的生成来落实。课堂生成多少与目标达成的多少成正比。那么我们如何进行课堂生成？

一、课堂教学的预设与生成和教学目标的落实

作为一种教学来说，课堂的预设与生成都是一个绕不开的重要问题。在传统的教学中，教师只重视教学预设，对于课堂的生成鲜有研究。课堂的教学评价也是看教师的"表演"，而不看学生的实际收获，这就在很大程度上影响了教师对课堂的评价。

"三步自主合作探究教学法"非常重视课堂的生成问题，并且把生成问题作为其教学的起点。语文学科的课程特点决定了语文课堂的生成与其他课堂的生成有本质的区别。根据读者反应，作为学习对象的文本来说，只有经过学生的自主学习，构建起文本的意义，文本的意义对学生来说才是真正有意义的。也就是说，文本意义要通过学生的阅读活动来实现。对于教学来说，教学的指向是学生，文本的意义只有在学生那儿生成了，只有学生对文本有了切身的体会和感悟，这才算是真正有效的语文教学。

因此，教学应该是学生通过课堂学习建构意义的过程。课堂教学的有效性就是学生建构文本意义的有效性。

那么怎样才能让学生有效地建构起文本的意义呢？传统语文教学非常重视教师的教学预设，教师根据自己对文本的解读或者根据教学参考书上的解读，设置成一个个具有关联的教学过程，设置成一个个问题，课堂教学的过程就是解决问题的过程。我们设置了一节课的重点、难点。这些重点、难点都是从文本出发而设置的，这在很大程度上体现了教师的主观愿望，并没有反映学生的实际情况。教师在教学中就是要让学生接受自己的预设，课堂的生成也是看自己的教学预设是否落实、实现。我们常常说教学是一门遗憾的艺术，正是我们从教师的教学预设出发来说这句话的。我们的许多教学预设并没有在学生那儿得到落实、实现，只是在部分学生中间部分地落实了，大部分学

生可能很难体会到教师所体会到的东西，很难满足教师的愿望。这就构成了二律背反。

"三步自主合作探究教学法"从学生的问题出发，在解决学生问题的过程中，达到提升学生认识，促进学生思维发展的目的，使课堂生成落实到学习过程之中，落实到学生之中，从而提高探究学习的有效性，针对性提高了课堂教学的效率。审视当前我们的语文教学，无论是合作学习还是生本教育，从根本上来说我们都没有改变这样的现状。所以，语文教学看起来形式丰富多样，但是其实质并没有多大的改变。如果我们只是从教师的教学预设出发来进行教学，课改永远难以有大的突破。因此，打破现有的教学局面，还课堂于学生就成为课堂教学改革的突破点。

（一）教案的写作与课堂预设

传统语文教学的课堂教学的课堂预设主要是通过教师课前的教案来体现。无论是上级教育部门还是一般的学校领导或者是一般的教师的观念中，教案的写作都是必不可少的一个环节。通过教案形成教学方案，详细记录教学过程，有些甚至把教师说的话学生说的话都预设进去，似乎不这样，就不是一个合格的教师。同时，作为教案或者是教师的教学预设，问题总是由教师提出，课堂教学过程中学生只有回答问题的份儿。由于这种被动回答问题，学生很难在课堂中主动地去思考文本、探究文本，这样使学生的学习的自主性很难得到充分发挥。

作为语文教师，根本的目的还是学生自主学习能力的培养。许多时候，我们的教师按照一定的程式写出教案，然后按部就班去上课，教师成了教案的奴隶。这样作茧自缚，不但学生的主体作用发挥不出来，教师的主体作用也不能很好地发挥。导致教学的低效或者无效。

同时因为写作教案，浪费了教师的精力和时间，使他们没有时间和精力去研究教材、研究教学。就教学设计来说，我们的教师都是考虑我们需要让学生掌握一些什么，却没有考虑我们的学生能掌握一些什么。教和学常常发生错位。

语文教案写不写似乎争论了好长时间，在这些争论中，我们发现许多论者认为教案是教师教学的蓝本，是教师上课的依据，因此，主张要写教案，而且要详细写作。还有一些教师认为，不写教案就是一种犯罪，是不负责任的表现。我们不能否认对刚刚走上讲坛的年轻教师，教案写作对他们的成长以及教学起着很重要的作用。但是，对于那些有丰富教学经验的教师，教案的写作并不很重要，有时甚至根本起不到应该有的作用，有时可能会起反作用。在某种情况下教案的写作与否，看起来是个态度问题，其实际是教师的教学观念在教学中的具体体现。同时，教师根据学情来上课，课前不是写教案，而是研究教材、研究教法，更多的是研究学生。作为教学设计的文本呈现，教师可以进行教学预设，但这种预设不是一成不变的，教师也不能生搬硬套使用，更不能把教案当作金科玉律。从学生的学情出发的教学，应以学定教，哪里是问题，哪里是难点，要根据学情确定。解疑释惑是以学定教的基本原则。教师先入为主，常常会适得其反。

常常看到有些教师在谈到自己的教学设计时，总是说这里如何，那里如何。但是，大多数情况下，我们的教师都是站在专家学者的层次上，或者是站在自己的层次上来进行教学，我们总是以一个行家的角色来引领学生进行文本解读，但是我们鲜有人站在学生的角度来考虑我们的内容如何来教。教师的教和学生的学是相互脱节的。我们说的有效教学，什么样的教学才算是有效，笔者认为真正的课堂教学是建立在学生学的基础之上，是对学生学习的进一步拓展、进一步升华和深化。学生的发展是检验教学有效与否的根本标准。

（二）语文教学内容的确定与课堂的生成

语文教学预设的另一个重要问题就是教学内容的问题，也就是教什么的问题。这个问题看起来很简单，不是问题的问题。但是，恰恰就是在这儿，我们的教师并没有真正搞懂、没有真正搞清楚。许多时候，我们把语文教学的内容当作是一个定性的东西，通过课堂教学活动努力让学生接受，我们总是以一个专家学者的角度来引领学生解读文本，我们总是把学生抬高到专家学者的角度来认识文本。而学生很难达到这样的高度，结果学生的学习兴趣就在这样的教学中逐渐被消磨，学生的厌学情绪也逐渐产生。

就语文教学的内容来说，语文课程的内容看起来是确定的，但是在具体实施的过程中，常常因为教师不同，内容也就相应的不同，这是语文课程的特点所决定的。其实，语文课程的内容正是因为不确定，才使得语文教学充满了诱惑。可以说这种不确定性给了教师很大的发挥空间，同时也给学生的自主学习提供了广阔的舞台，也给了我们的教学很大的自由。要真正地发挥语文课堂教学的优势，就应该充分考虑学生作用的发挥。教学内容是与教学目标相联系的，一定的教学内容是为一定的教学目标服务的。"三步自主合作探究教学法"的目标重在培养学生的问题意识、自主学习能力。因此，"三步自主合作探究教学法"的教学内容要为这两个目标服务。三步自主合作探究法非常重视学生学习的过程、探究的过程、内容生成的过程。"三步自主合作探究教学法"的内容是在课堂动态中生成的。通过生生之间、师生之间的对话与交流通过合作探究，生成课堂教学内容。教师通过研读文本，根据文本特点预设教学内容。但是这种预设不是一成不变的，教师要根据学生学情及时做出调整。

课堂教学改革虽然提倡把学生作为学习的主体，但是因为我们的这种教学设计，特别是我们教师还把教学设计作为法宝来使用，那么我们学生的主体作用是很难在这样的教学设计中发挥出来的。这样的教学学生只能是教师教学的一颗棋子。因此，我们认为要真正有效发挥学生的作用，就应不惜抛弃教师的教学预设。也许有些人会说，教师不是先预设教学，那课堂教学不就乱成一团了吗？我想我们首先要搞清楚教学设计的目的是什么？是为了设计教学过程还是为了熟悉课文？如果是设计教学过程，那么，我们的课堂教学就只能按照我们课前的教学设计走，这样就难免忽视学生的存在，因为我们的课堂教学是为了完成我们的教学任务，使我们的课堂教学变得更合理、更安全、更有秩序、更好看。许多时候我们看似新课改的东西，就是因为教师要展示自己的教学设计，课堂教学的目标和任务很难落到实处，花里胡哨，好看而不实用。因此教学内容是在教与学的互动中生成的，是师生通过课堂教学的过程建构的。

通常情况下，我们仅仅局限在教学设计之中，我们不能摆脱我们的教学设计，我们不能从学生的角度来考虑文本的学习与解读，我们给学生的都是专家学者的认识，形成定论的东西。这看起来很负责，也很敬业。但是，我们是否考虑学生的实际接受程度，我们是否让学生真正地感受到了我们所要学习的东西，这恐怕是很难说清楚的。比如，我们在学习都德的《最后一课》时，我们把文章的基调放在爱国情感的体验上，但是学生是否能真切地体验到爱国主义情感，这就很难说了。

小弗郎士为什么会产生爱国的思想感情，学生所能接受的是他们的居住地被德国人占领了，他们再不能学习自己的语言了。为什么不学习语言就使得韩麦尔先生如此地悲痛，又如此地伤心。韩麦尔先生的这种感情学生究竟又能体会多少？这不能不是个问号。许多时候，我们的教师只是让学生了解韩麦尔先生的爱国情怀，小弗郎士的爱国情怀。但是，他们不知道这种情怀从哪儿来，学生能不能体会到这种情感，就不得而知了。因此，《最后一课》的教学预设不仅仅是让学生体会韩麦尔先生的爱国情感，还需要从根本上了解他的爱国情感的来源。这些不是通过人物分析所能感受到的。小弗郎士在最后一课的那种情感体验，才是我们认识文本的一把钥匙。

生本教育提出要放牧生命，怎么样才能放牧生命？那就是让学生进行大量的阅读，和文本亲密接触，从他们对文本的具体感受入手，来进行我们的教学。我们的教学要建立在学生的这种学的基础之上，有了这个基础我们的教学才能顺藤摸瓜，找到学生的学习思路，找到学生认识提升的突破口。

（三）教师作用的发挥与课堂的生成

教师的作用是什么，就是解疑释惑的，学生有了疑惑教师要能帮助其解决，这才是教师的真正作用。教师本领的大小，教师作用的大小就在这里体现出来。而教师真正要能解疑释惑，就必须要有很高的解读文本的能力，只要我们教师心中装有教学文本，对文本的认识是透彻的、到位的，我们就能够从容地去应对教学中的各种问题，就能够应对学生的各种挑战。

因此，对于语文教学来说，我们需要考虑的是两个方面的问题，一方面是我们教师能发挥到什么程度。教师发挥作用通过教学预设体现出来，也就是我们需要在课堂教学中给学生一些什么东西。大多数语文教学就在这个方面打转。另一个方面是学生又能发挥到什么程度，我们就不能不考虑学生能接受到什么程度，一节语文课能给他们提供一些什么东西。教师的教学与学生的学习相互之间有了融合点，才能取得最大的效果。我们许多语文课堂教学之所以低效或者无效，就是因为他们只注意自己的教，却严重地忽略了学生的学。

对于"三步自主合作探究教学法"来说教师的预设不仅仅要考虑文本的存在的东西，我们还要学习文本中没有存在的东西，这些东西才是理解文本的一把钥匙。教师要和学生一起探究文本，看学生对文本能懂得一些什么，还需要懂得一些什么。如果仅仅从教师的预设出发，我们把一切都设计得那样完美，我们不知道我们的这些东西在学生那儿生成了多少，我们想当然就认为只要我们提高文本的高度，学生就能达到我们认识的高度。这种认识，使得许多教师在课前把教学过程设计得那样精细，那样分明，也为了这样的过程，我们不惜牺牲学生的时间。教师不是为了学生服务，相反地，倒是学生为了教师所精心设计的教学过程来服务，这在我们的公开课中得到了集中的表现，公开课之所以备受人们的诟病，关键原因就在这里。

语文教学不是将教师自己的感悟、体验让学生来体验、感悟和认识，我们不是从学生的思想实际出发，从学生的认识实际出发来施教。我们不是要学生接受教师的体验和感悟，而是要我们从学生的认识出发，进一步提升他们的认识，让他们的体验和感悟在原有的基础上更深刻、更广泛。

从课堂的预设来说，如果从学生这个角度来考虑我们的语文教学，那么我们就可以说，教师事先的教学预设可以有。但是，这不能作为课堂教学的主要东西。教学过程之中教师不是想方设法将学生提高到自己的水平，提高到自己认识的水平，不是希望和学生达成教学一致。而应该是放开课堂教学，放开学生的思维，给他们自由驰骋的天地。正如郭思乐教授所说的，"教学应该是放牧生命。要放牧生命，不给学生自由那是难以实现的。"

放开课堂教学，这看起来教师轻松了，给教师松绑了。但是对教师的要求则更高了。教师也和学生一样，要阅读文本，要建构起对文本的意义，要形成自己对文本的认识。教师也要努力试着拿自己的认识来影响学生，但是，这仅仅是影响，而不是强行灌输。教师对学生的认识要有心理准备，要能看清楚学生认识的来龙去脉，教师不是要把学生引导到他自己的这条路上来，而是顺着学生的认识，对学生的认识进行拓展、延伸、深化、升华。学生的思想容易出现惰性状态，他们容易满足于自己的认识，教师就是要在他们的头脑中掀起风暴，让他们的思维处于张力状态，这样，教学才能处于一种最佳状态。我们期望的那种教学局面才会出现。

许多时候，我们教学的过程性都是一种虚假的过程性，我们的过程设计得井井有条，环环相扣，层次分明，看起来很有看点，但是其使用价值却并不大。我们常常说教学是一门艺术。其实，教学根本不是一门艺术。如果我们将教学当作一门艺术，我们只是把教学当作一门艺术来经营，那么我们又把学生当作什么呢？学生只能是观众、是看客。这种观众和看客的地位，必然导致学生主体地位的失落。许多时候，在我们的教学中，学生的思维并没有在这个过程中得到张扬。学生紧紧跟在教师的后面，在完成教师预设的教学过程。虽然我们给了学生思考的时间，但是这些时间一般都很是短暂，学生很难深入去思考这些问题。真正有效的课堂教学应该使学生的思维处于最大张力状态的课堂。衡量教学效果的最主要的依据就是学生的思考力在我们的教学过程中是否得到了张扬，是否得到了有效的培养。

二、"三步自主合作探究教学法"的教学目标

（一）简化语文课堂教学程序，提高语文课堂教学的效率

"三步自主合作探究教学法"是解决当前语文教学诸多问题的有效的教学方法。"三步自主合作探究教学法"符合语文新课程改革的理念，能够有效凸现学生主体地位的一种教学方法。

"三步自主合作探究教学法"就是在充分研究现有教学的基础上，

特别是对现有的教学不断认识的基础上建立的一种有效提高课堂教学效率，充分体现学生主体地位的一种教学法。它既借鉴了生本教育的长处，又避免了生本教育的短处。生本教育重视了学生的课前自主学习，但是，这种课前学习的效果在很大程度上与教师设计的教学问题有关。而"三步自主合作探究教学法"则不然。他也有前置性作业，但是这种前置性作业不是根据教师的问题去研读文本，而是让学生在研读文本的基础上提出自己的问题，是在学生充分阅读文本的基础之上的作业，学生的自主性更强，自主学习的空间更大。"三步自主合作探究教学法"把提问的权利交还给学生，这既激发了学生阅读文本的兴趣，彰显了学生自主阅读的主体地位，同时，还在很大程度上为课堂的学习打下了坚实的基础。

（二）锻炼学生的思考力

思考力的培养是语文教学最终的也是最主要的目标。"三步自主合作探究教学法"将问题的提出，问题的解决，问题的筛选等都交给学生，让他们在自主提问，自主合作学习的基础上形成一定的认识，课堂教学就是在这样的基础上展开。这不但大大简化了课堂教学的程序，同时，学生与文本亲密接触的时间和机会大大增加，也为学生思考文本，探究文本提供了时间上的保证。

语文培养学生的什么？语文要学习什么？是对文本的欣赏能力，是学生的语言能力，还是什么？叶圣陶先生认为语文是学习语言的，是为了掌握语言这种工具，我们习惯上称之为工具说。从工具说出发，他认为，语文教学就是要培养学生的思维能力。语言是思维的外衣，语言和思维的关系是形式和内容的关系。因此，他认为，语文教学的目的就是培养学生的思维能力的。的确，语文教学的根本目的是学生语文素养的形成。语文素养包括语言素养，而且语言素养是语文素养的最重要的一个方面，是语文课程的主干。培养学生的思维能力，就必须深入地挖掘文本，深入地思考文本，在思考文本的过程中培养起学生的思考力。有了这样的思考力，我们学生的写作、阅读也就不是什么问题了。"三步自主合作探究教学法"将学生置于问题情境之中，通过自主提问、激发学生主动探究文本的欲望。在课堂教学中让学生积极主动探究问题，特别是教学在与学生探究问题的过程中，根据学生的认识，有针对性地进行点评，或者对学生的回答进行有针对性的质疑，或者要求学生在文本中找出相关内容来证明自己的问题，这使学生的思维始终处在张力状态，既是对文本的一种深度学习，又是对学生思维的一种有效锻炼。

现在我们的语文教学充斥着说教，缺少学生对文本的深沉的体验和感悟，我们注重教师的说教，缺少学生的自主体验和感悟。我们更多的是对文本的浮光掠影式地学习，蜻蜓点水式地讲解，我们缺少学生对文本深层次的东西的挖掘。

（三）培养学生的问题意识

"最精湛的教学艺术，遵循的最高准则就是让学生自己提出问题，自觉学习"[1]。而我们现有的教学更多的是教师提出问题，学生解答，这样虽然直接能够进入到教学内容中去，直接将教师的教学预设实现，但是，这样做的弊端也是显而易见的。学生被动地回答问题，长期的这种问答式的教学，也在一定程度上泯灭了学生的问题意识，学生的依赖思想严重，也不利于学生主体地位的发挥。

最近著名作家池莉在自己的博客发表《教育究竟是什么？》的文章，在文章中，她通过和国外教育的对比，认为"我们的教育正在乐

---

[1] 布鲁巴克转引自《语文学习》2013.11，p33.

此不疲地消灭着阅读能力、理解能力、质疑能力、提问能力；消灭着想象力和创造性；甚至消灭着孩子的童趣与顽皮。我们从小到大好辛苦：先被学校灌输课本知识，后被社会灌输社会知识；先学习规则，再学习潜规则；等差不多明白了，已是生命尾声。

张兆曙和姚媛也在《社会研究中的问题与从问题出发的社会研究》一文中指出，中国学术界一直面临着"问题的贫困"，特别是好问题的贫困。

爱因斯坦认为，提出问题比解决问题更重要也更困难，因为解决问题仅仅是一种技能上的要求，而提出新问题、新的可能性、从新的角度看待旧的问题，则需要有创造性的想象力，而且标志着科学的真正进步。

回答"钱学森之问"，还需要从问题意识来寻找答案。我们为什么培养不出大科学家，诺贝尔奖为什么没有我们的份？就是因为我们培养的人才只知道寻找标准答案，不知道去发现问题，不能去发现问题。这是我们的教育之殇。

面对这样的教育现状，我们教师该怎么办，是怨天尤人，还是创新教育。怨天尤人，永远也不会有创造教育教学的氛围，也不会有创新教育的沃土。我们只有在教育这片沃土上发挥我们的聪明才智，进行创新教育，才能真正回答"钱学森之问"。

要培养创新人才，就必须创新我们的教育方式。就目前来说，我们的学生最缺乏的是什么？是创造性的精神。无论是基础教育还是高等教育，我们的学生习惯于接受式学习，而不习惯于创造性学习；我们的学生习惯于回答问题，却不习惯于提出问题；我们学生习惯于接受，不习惯于探究。因此，中小学语文教学中，开展探究性学习就显得异常的必要而且紧迫。

探究作为一种实践活动，探究既是使用知识的过程，也是发现新知识的过程。在这儿，文本对学生都是一个矿藏，我们就是要让学生在里面挖掘出他们所需要的东西。

而探究学习，首先就要从问题意识的培养做起。没有问题，也就没有探究。没有探究，也就没有创新。问题意识怎么来培养？笔者认为，就从学生的困惑开始。问题意识不仅仅是学生主动去提出问题、寻找问题，更主要的是学生始终以探究的目光去审视文本、思考文本。

许多时候，学生不问问题是一种不自信的表现。他们生怕因为问题多了，受到教师的责备，同时，也生怕问题多了，显示自己学习能力不够。所以，问题意识的培养，教师首先要打破学生内心的那种恐惧，解除学生的戒备心理。

（四）培养学生的个性

对于文本学习来说，教师的预设常常超出学生的学习能力之上，尽管我们预设的都是我们教师理解了的，是我们教师认识文本的结果，但是学生真正能理解多少，他们在哪些地方能理解，哪些地方不能理解，这些都还是个未知数。有些尽管我们做了详细的讲解，但是学生还是难以理解，文本还是难以真正走进学生的视野。我们从学生的问题出发，则避免了这方面的问题。学生对文本理解到什么程度，他们在哪些地方还有疑惑，等等，都是我们教师需要知道的，而"三步自主合作探究教学法"则避免了这方面的缺陷。

探究教学就是要放开学生，把文本作为一个开放的系统，让学生在自主阅读的过程中产生疑问，产生困惑。然后在有了困惑之后进行深入的阅读研究，得到一个自己满意的答案。

"三步自主合作探究教学法"从语文学习的特点出发，把培养学生的个性特征作为重要教学目标。提出的问题是个性化的，探究文本的方式方法是个性化的，获得的感受认识也带有极强的个性化色彩。教师既重视让学生形成共识，同时又让学生保持自己独特体验与认识。"三步自主合作探究教学法"重视对学生认识根源的挖掘，重视学生反思能力的培养。因此，三步自主合作教学法显然也会让学生形成共性认识，同时更重视个性化的认识。

语文学习是最具有个性化的，我们说语文的外延等于生活的外延，生活有多广阔，语文就有多广阔。学习语文既要以文本为主，同时，又不能死死局限于文本。文本只是一个例子，文本的例子作用就体现在透过文本这个例子，我们要让学生获得一种生活的能力、思考的能力，走进文本是为了走出文本。要想识得庐山真面目，就必须要跳出庐山，站在庐山之外看庐山，站得高，看得远。

语文学习最适合的方式就是探究性学习。不论是小学阶段还是中学阶段语文学习，都是如此。探究性学习是语文实践特性的体现。对于文本来说，文本永远是开放的，是一个熟悉的陌生的东西，每次阅读，感受不同、认识不同、收获不同。因此，我们的阅读教学不能停留在教师的讲解层面，不能将学生的认识固定化，我们要让学生学会探究，学会从不同的角度、不同的方面来对文本做出解读。

第九章

"三步自主合作探究教学法"的实施策略

一、"三步自主合作探究教学法"的基本策略

作为一种自主性很强的教学模式，"三步自主合作探究教学法"非常重视教学策略的使用。就整个教学过程来说，我们采用了与传统教学不相同的教学策略。策略不仅是教师教的策略，主要是学生学的策略。

（一）开放性教学策略

传统的课堂教学喜欢在一种封闭的环境中教学，教师把学生的学习限定在特定的范围之内，紧紧围绕自己的教学设计来展开教学。这样，束缚了学生的手脚，禁锢了学生的思维，十分不利于创造性人才的培养。新课程改革提倡凸显学生的主体地位，如何才能真正体现学生的主体地位？如果我们还在原有的教学框架内思考我们的教学，不能跳出传统语文教学的窠臼，还是把合作学习放在原有的教学框架内来思考，那么真正意义上的合作探究教学是难以发生的。因此，我们必须跳出传统课堂教学的模式，从学生的角度来考虑我们的教学。把

学生的自主学习作为我们课堂教学的支点。放开课堂，放活学生就成了我们课堂教学所必需的。

所谓的开放性策略，也就是我们在教学中给学生更大的学习自由和空间，给学生更多的时间让他们参与到整个教学活动中来，整个教学围绕学生的学习活动来展开。课堂是开放的还是封闭的，这体现了新课改与传统教学的区别。

开放课堂教学，就是教师要把课堂向学生开放，给他们更大的学习自由；开放贯穿在我们整个教学过程之中。开放不是放开，开放的过程是一种放牧生命的过程。开放具有灵活性、自主性的特点。而放开是一种不负责任的表现。开放的课堂教师还存在，教师的作用还在教学过程中体现出来，不过这种体现是一种民主状态下的体现。开放的课堂是一种民主的课堂。它是对教师独霸课堂教学的一种反转。是真正意义上的以学生为主体的课堂教学。

对于"三步自主合作探究教学法"来说，自主提问讲究问题开放，放开他们的手脚，让他们在文本中自由呼吸。让他们自主建构文本的意义。合作筛选问题的过程中，对每个学生开放，让每个学生都有话说，都能说上话，彰显课堂教学的民主；探究问题，讲究过程的开放，教师对学生的问题放开让学生发表意见和看法，教师做到不轻易否定学生的答案，不轻易打断学生的说话，教师在一旁尽量帮助学生，拓展他们的思维，完善他们的语言表达，提升他们认识的高度。教师要放开课堂，放活课堂，让课堂真正成为学生的课堂，对于每个问题的探究，教师要充分发扬民主，让每个有看法的同学都能发表意见，教师对问题只做思维上的点评，不做定性的评价。

（二）教师支援性教学策略

所谓的支援性策略，也就是在整个教学中，教师要给学生一定的策略上的支持，让学生学习策略，把握策略，使用一定的策略来进行自主学习，自主探究。在整个教学过程中，教师不是权威，也不树立自己的权威，而是给学生学习一定的支援，让他们的思考能深入下去，让他们的认识能深化下去。

学生毕竟是学生，学生的学习能力，学习方法毕竟有限。当我们把课堂开放给学生，要提高学生的自主学习的效率，提高学生自主学习的有效性，教师就必须给学生一定学习策略上的支持。自主提问，合作筛选，合作探究，这三个阶段相连贯，层层递进，形成一体。教师要在各阶段教给学生提问的策略，合作学习的策略，探究的策略等。让策略在学生的自主学习中发挥支柱作用。

"三步自主合作探究教学法"凸显学生的主体地位，课堂灵活开放。教师把课堂交给学生，但并不意味着教师在这个过程中无所作为，教师要有所为，又有所不为。有所为，就是教师要以适当的身份参与到"三步自主合作探究教学法"的过程之中。在三步学习之初，教师要及时发现学生学习的盲点，及时提示找出学生的不足，点明他们思路上的缺陷。在小组合作阶段教师要参与到小组中倾听，督促学生讨论交流；在探究阶段，教师要掌控问题的轻重，把握探究的节奏，对学生思考不完善的要及时拓展、延伸、深化、升华，要采用点评、反问、追问等方式，促使学生反思、深思，开拓学生的思维空间，培养良好思维品质。

（三）自主性教学策略

整个"三步自主合作探究教学法"以学生的自主学习为主线，以合作探究为旨意，课堂建立在学生"学"的基础上，在自主阅读中感悟文本，在自主阅读文本中提出问题、探究问题。自主学习为基础，合作探究建立在自主学习的基础之上，这样大大地提高了合作探究的有效性。

自主学习的习惯和意识需要培养。我们在教学之初，让学生提出问题，然后在课堂教学过程中进行归类。由于学生的问题多而杂，教师很难掌控课堂教学的局面，而且也十分不利于学生学习效率的提高。同时，课堂教学中归类，也占用了课堂教学的时间，不利于教学任务的完成。

后来，我们把提问这个教学环节放在课前，作为前置性作业。但是由于缺乏监管，同时学生本身的课业量十分大，学生根本没有时间来完成这样的任务。即或是完成了也是浅尝辄止，根本没有沉下心去思考文本。

经过分析研究，我们将课堂提问放在第一课时内，在第一课时学生主要完成阅读文本，提出问题，然后小组筛选问题。这样，自主学习有了教师的监管，同时也有了时间上的保证，这就大大地提高了学生自主学习的意识，也很好地培养了学生的阅读习惯。

二、"三步自主合作探究教学法"实施过程的教学策略

提出问题，以及提出一些什么样的问题，这对"三步自主合作探究教学法"来说十分重要。可以说，"三步自主合作探究教学法"就是建立在学生问题基础之上的一种教学方法。怎样让学生能提出问题而且提出有探究价值的问题，这是我们研究的核心问题。

在我们平时的教学中，我们发现，让学生阅读文本学生总是显得有些不耐烦，他们把阅读文本看作是一件非常乏味的事情，总是没有耐心看下去。阅读总是浮光掠影，对文本根本不做深入的思考。长时间的这样下去，学生对语文学习也就失去了信心，没有了兴趣。

如何让学生深入地阅读文本，思考文本？如何最大限度地凸显学

生的主体地位，发挥学生的主观能动性？笔者认为，提出问题就是方法之一。首先提出问题让学生有意识地去关注文本，思考文本，这样极大地激发了学生的内在的潜能，有力地提升了学生阅读文本的兴趣，也为探究文本奠定了基础。

其次，提出问题很好地凸显了学生的主体地位，特别是作为一个阅读主体。过去我们总是奉行教师提出问题学生来解答，学生总是处于被动思考的地位，他们很难有主体性，也很难有主动性。"三步自主合作探究教学法"把问题的提出作为语文教学的重要环节，将问题抛给学生，他们在充分自主学习的基础上提出问题，这样使得学生的主观能动性大大被调动起来，为课堂的合作交流奠定了坚实的基础。

再次，学生提出问题使教师很容易摸清学生的实际思想，使教学更具有针对性，更加有效。学生提出的问题都是经过他们思考以后不能解决或者是他们思考以后认为很有价值的问题，即或是那些没有价值的问题，也是学生思考的结果。教师的课堂探究学习针对学生的问题，学生思考的也是他们思考过的问题，回答的也是他们思考过的问题，这样很容易使学生走进课堂教学之中。

钱梦龙先生曾经采取过让学生提出问题的教学方法，钱先生仅仅从提出问题这个角度思考了自己的课堂教学，却没有把提出问题这个环节和自己的课堂教学有机地结合起来，没有和学生的课堂活动联系起来，问题的分类，问题的价值筛选等都由老师来完成，在课堂活动中呈现，这样，在很大程度上就和学生隔膜起来，发挥不了问题的价值和作用。

既然提出问题如此重要，那么如何才能让学生提出有价值的问题？首先，要充分地相信学生，对学生要有一定的信心。许多时候，我们之所以不敢放手，不愿意放手，关键就是我们对自己的学生不放心，没有信心。我们要相信我们的学生有能力提出一些有价值的问题。

其次，我们要让学生掌握一定的阅读方法，掌握一定的学习策略，特别是阅读文本的策略。学生自主学习的效果如何与他们掌握的学习策略有很大的关系。同样，学生提出问题也需要一定的策略支持。我们在开始的教学中，要逐步放手，首先在讲读的过程中让学生学习一定的策略，教师也有意识地让学生知道一些策略，然后再逐步放手。

三、基于问题提出的教学策略

我们有这样的经验，学生在拿到语文书以后，或者在学习文本的时候，总是对文本充满浓厚的阅读兴趣。但是，一般学生阅读一两遍之后，就感觉到索然无味，再也没有阅读的兴趣。产生这种现象的原因是学生的阅读停留在表面上，他们没有思考文本的习惯，没有探究文本的意愿。或者是因为受到传统语文教学教师提出问题学生回答问题这样的教学影响，他们一般不去主动思考文本，不去主动挖掘文本深层次的东西。不知道究竟在语文学习中获得哪些能力。他们怎么去阅读文本，从哪些方面、哪些角度认识文本。其结果是阅读只是一种有声或者无声的朗读，而不是一种思考活动，一种探究活动。学生缺乏对文本的好奇心，缺乏必要的探究的兴趣。

对问题意识的好奇心需要我们通过阅读活动有意识地去培养。好奇心一般都是对一些陌生的事物或者是一些他们不理解的事物中产生出来的，而学生又具有强烈的愿望去理解它们，认识它们。面对一个文本，学生在开始阅读的时候是充满好奇心的，他们具有强烈的要阅读的欲望，但是他们一旦阅读过之后，那种对文本的好奇心就消失了。阅读教学就是要将这些学生感觉熟悉的文本变得陌生，让他们产生强烈的探究的欲望。而这种欲望的产生有赖于问题的提出。也就是说让学生拉开与文本的距离，让他们用怀疑的目光去审视文本，从而激发他们的好奇心和探究欲望。

那么我们如何让学生对文本始终充满好奇心，让他们尽量多地从文本中获得一定的有价值的信息呢？这就需要我们让学生在阅读过程中提出问题。我们在开始教学的时候，我们将文本抛给学生，让他们提出问题，他们一般都提不出什么问题。问他们为什么没有问题，他们一般是不知道还有什么问题。显然，他们对文本的理解与认识是肤浅的，一些深层次的东西他们根本没有思考。对此，教师不要急于责怪学生，而是随便拿出文本中的一个内容进行质问，让他们在没有问题的地方发现问题。比如，学生阅读完文本，我问学生，读懂了没有？大多数学生回答懂了。我随便就文本中的一个方面提问他们，他们回答不上来。可见，他们并没有懂，所谓的懂只是一些皮毛的东西。经过教师这样一问，他们才知道原来有许多东西看起来懂了，其实他们根本没有懂。他们对文本中的许多东西还很是迟钝。这样会促使他们进一步再次深入阅读文本，思考文本。经过一段时间的锻炼，学生的眼光会逐渐变得敏锐起来，许多原来没有进入他们的阅读视野之中的东西就会逐渐进入他们的阅读视野，学生的问题意识明显增强。

文本对学生来说，看起来是熟悉的，但是教师就要善于将熟悉的东西陌生化，让他们重新审视文本，思考文本，获得一些他们没有过的体验和感悟。让学生提出问题看起来是将问题交给学生，只是一种形式上的变化，但是，这种变化其实具有许多潜在的阅读价值，这需要教师去挖掘、去开拓。

文本的学习需要落实在语言上，小学生在理解文本上找不到学习文本的抓手，这是常有的事情，怎么办？我们主要让学生知道从哪方面寻找问题。这就需要我们老师将寻找问题的向度明示给学生。特别是在中年级，更是如此。

对探究性学习而言，提出问题是探究教学重要的一个方面。探究首要的是从问题开始，而问题意识是探究的根本和核心。发现问题比研究问题更重要。要真正让学生深入到文本的内部，首先就是要让学生思考文本，让他们找到自己所不懂的地方。多年来，语文教学都是教师提问，学生回答思考，这样，学生没有问题意识，拿到一个文本他们不知道提什么问题，他们也不知道从哪些方面、哪些角度来提出问题。另一个方面，长期的师问生答的教学模式，也使得学生很难发现问题。学生已经懒于思考，不善于思考。等、靠、要思想严重。学生学完文本，他们根本不知道自己究竟学了一些什么、究竟要学一些什么，他们的心里是一团漆黑。就是因为他们提不出问题，找不到要学习的东西。这就需要我们教师给学生提问的向度，让他们知道从哪些方面来寻找问题，提出问题。经过一段时间的训练，学生就很容易找到问题。

（一）明示问题提出的向度

我们发现，学生提不出问题的原因是他们对文本没有整体的思考，没有认真地分析文本，或者是没有形成提问的习惯。他们的提问多停留在表面，深层次的问题提不出来，这样就影响课堂教学的效果。对此，教师要在实施"三步自主合作探究教学法"的时候，配合教师的提问，让学生明确教师是从哪个角度、哪个方面提出问题的。我们还规定了提问的方向。首先是字词方面的问题，有哪些不理解的字词，其次是动作神情颜态方面的问题，许多动作神情颜态方面的的词语之中包含着玩味不尽的意蕴，这需要我们去关注。

一般来说，文本涉及的问题有这样几个方面：

1.字词方面的问题（不认识的字词，人物语言、动作、神态方面的词语，特定语境状态下特定词语的意义等）。

2.含义深刻句子方面的问题（人物的语言，言在此而意在彼，揭示主题的语言，升华思想的语言等）。这些语句可能就是理解文章的一把钥匙。我们特别提醒让学生关注这方面的问题。

3.作者写作思路方面的问题。为什么要写这些内容，这些内容对下文有什么作用，和下文有什么联系等等。

明确了提出问题的向度，这为学生的自主学习、自主提问指明了方向，学生能够很容易进入到文本之中，能够很容易抓住文本的核心问题，特别是可以细化学生对文本的认识，符合学生认知的规律。

（二）在对比中发现问题，使用矛盾法提出问题

在文本中，由于有许多矛盾，有些是人物的内心世界的矛盾，有些是事理的矛盾，有些是情节之间的矛盾等。在教学中，教师要善于让学生从中发现问题。

比如莫泊桑的《项链》我们可以通过女主人公的前后对比提出问题。前面那样狂热参加舞会，经过十年还债生活，她冷静了，现实了，不狂热了。从这对照比较中，我们可以看出马蒂尔德已经由原来的爱慕虚荣，变成一个勤劳、朴实的女人。从中我们可以看出作者通过这一人物形象，想要告诉我们一个什么样的生活真理。教师启发诱导，学生很快能够掌握这种方法。在以后的自主学习中，学生很容易去使用这种方法去提出问题。再比如《孔乙己》结尾部分说"大概孔乙己的确死了"。这大概、的确之中可以看作"我"小伙计怎样的态度？注意这是文章的结尾，显然是之后的回忆。显然，现在的小伙计已经不是过去的那个讥笑、讽刺孔乙己的小伙计，已经是对孔乙己抱有了很深切同情的小伙计。是经过了生活的艰辛，对人生社会有了深切体验、认识的小伙计。小伙计为什么多年以后要回忆这个独特的孔

乙己先生，我想，这里面一定有许多难以言说的悲酸辛苦。这里面既包含着小伙计对孔乙己悲剧人生的深切思考，也有小伙计对自己人生的深刻的反思，可以说是意味深长的。教师在教学的过程中，可以根据学生的具体情况，有针对性地进行提示，学生的思维很容易被激活，思路很容易被打开。学生遇到类似的内容，很快就可以去思考。

（三）采取激励法，促使学生深入研读文本，提出问题

对于一些勤奋的学生来说，他们能够按照老师的要求按时完成作业，能够提出一些问题，但是对于一些学困生，一些学习习惯不良的学生来说，他们不阅读文本，不提出问题该怎么办呢？我们采取星级评价法。开始是按照提出问题的多少来评价，问题越多，获得的星星越多，暂时不管问题的质量。随着学生学习的深入，我们逐渐由数量到质量，好的问题我们可以给很多小星星，这极大地激发了学生思考文本的意识，也增强了学生思考文本的能力。对学生回答问题，开始我们也是只要回答就给星星，后来我们根据回答的质量，可以给好几倍的星星。在这样的激励之下，学生自主学习的意识大大增强了。

为了激发学生提问的热情，回答问题的积极性，我们每周总结一次。星星多的，作为班级之星，每周评选一次，班级之星的照片在评比栏进行展示。同学们获得这样的殊荣，感到无上的光荣，大家的提问回答的积极性大大地提高了，课堂气氛非常活跃。

除了激励法以外，我们还采取教师引导下的提问。我们将提问的方向给学生明确起来，让他们知道从哪些方面提问。比如，对于基础较好的学生，我们要求从字词方面到含义深刻的语句再到篇章结构方面，这样由浅到深，由基础知识到文本的深层次的问题，让学生来提问。由于方向明确，指向具体，学生操作起来很是方便，也很是到位。

四、基于小组合作效果最大化的学习策略

第二步是合作交流问题，筛选问题。这既是对前一阶段学习的一种反思，又是一种对自己问题的价值的判断。这个过程很好地发挥了合作学习的作用。经过这个阶段，学生的一些基本的问题，没有必要拿来在课堂上深入讨论的问题就删除掉了。

合作学习已经推广十多年了，但是真正意义上的合作学习，真正有效的合作学习的形式还是并不多见。许多时候，我们的合作只是徒有形式上的合作，而没有实质的合作学习发生，原因在什么地方？就在于学生没有充分的时间自主学习，没有建构起对文本的意义。没有可以拿来和同学合作交流的东西，虽然美其名曰合作学习，学生只是坐在一起，匆匆进行所谓的交流，然后就听教师讲解。长时间这样，学生对合作学习失去了信心，也产生了厌倦情绪。那么如何才能让合作学习发挥效力呢？

（一）给学生充分自主学习的时间，让他们自主建构文本意义

要真正让学生提出问题，提出有价值的问题，就必须让学生充分地研读文本，只有学生对文本有了一定的认识，有了一定的感受，特别是只有学生思考了文本，研究了文本，他们才可能提出一些有价值的问题，也才能够发现自己不懂的问题。要真正这样，就必须给学生充分地阅读文本的时间。传统课堂教学把时间限定在四十分钟内，而且设计的过程又很多，学生与文本接触的时间很短，学生很难自主阅读文本，更不要说思考文本。"三步自主合作探究教学法"充分重视课内学生的自主阅读，自主学习，给他们充分的时间让他们建构对文本的意义，这样，在很大程度上激发了学生学习的积极性、主动性，

激起了他们强烈探究文本的兴趣。当然，对于一些长的文章，课内时间还嫌不够，我们可以将课内外打通，连成一体，形成课内外互动的教学局面。这个我们主要以前置性作业为主。当然，"三步自主合作探究教学法"的前置性作业和其他教学模式的前置性作业是有区别的。我们的前置性作业的设置目的主要是让学生通过自主的阅读发现一些问题，提出一些问题，这为课堂教学打好基础。因此，"三步自主合作探究教学法"的前置性作业与合作学习的前置性作业有很大的区别。合作学习也有前置性作业，合作学习的前置性作业主要是教师设置好问题，然后让学生通过阅读文本，深入思考问题，形成对文体的认识。然后在课内通过师生之间的合作交流，深化和升华对问题的认识。学生由于有现成的问题存在，他们的学习变得轻松了许多。

而"三步自主合作探究教学法"与合作学习前置性作业不同。探究性学习的前置性作业就是要让学生在阅读的过程中发现问题，提出问题。发现问题的过程要比回答问题的过程难得多。特别是由于受到传统学习方式惯性的影响，许多学生不会发现问题，发现不了问题。因此，这就给我们的教学增添了许多难题。

在前置性作业的设置前，教师就要经过一段时间有意识的培养，让他们掌握一些基本的学习策略，特别是教师要在一些学生不能发现问题的地方找出问题，在他们没有想到的地方提出问题，有意识地指点他们怎样去发现问题。

（二）充分发扬民主，保障每个学生发言的时间和机会

为了保障每个学生都要发言，都有发言的机会，我们规定，在小组合作阶段，要求每个人都汇报问题，其他人认真聆听。在汇报阶段，我们要求其他同学不要打断他人的说话，等这个同学汇报完成，然后再进行评议。每个小组不设小组长，轮流打头阵。我们在小组分

配上，每个小组一般四个人，在成员搭配上，好中差搭配组合，有利于小组合作交流。

由于合作学习前，学生已经对自己提出的文本的问题有了比较深入思考，因此，在合作交流阶段，就要求每个人将自己思考的结果展示出来。要求每个同学要尊重他人，善于从别人的发言中得到启示。善于找到别人思考问题的角度，善于从别人的认识中来丰富自己的认识，补充自己的认识，完善自己的认识，达到提升自己认识的目的。在本阶段，我们一般采用：个人汇报—辩论质疑—形成共识的交流程序。

五、基于问题探究的实施策略

第三步，展示问题，讨论交流问题。

"三步自主合作探究教学法"的第三步就是问题的探究，我们一般放在第二课时进行，时间是一课时。在本阶段主要是小组汇报问题，然后将本小组合作交流的问题的结果展示出来，供大家评议。一般过程是，展示问题，汇报交流结果—小组评议，提出不同意见—教师相机点拨，提升学生认识，拓展学生思路。

（一）问题的展示与交流

每个小组将自己小组最有价值的问题提出来，供课堂交流探讨。在讨论交流的过程中，提出问题的小组首先说出自己小组对这个问题的看法，然后其他小组补充。如果他们没有思考，或者他们思考得不深入、不彻底，或者其他小组与之出现矛盾，这时教师就需要及时让学生在小组内进行讨论交流。你是怎么思考的？你们小组是怎么看的？如果学生还是找不到有效的答案，教师可以提示学生找出该问题在文本中的段落，然后结合上下文认真思考，最后得出结论。如果学生还是找不到问题的实质，教师可以根据上下文进行指导思考，力争让他们获得思想上的启迪。

一般小组选派两人上台展示，汇报本小组的问题以及交流成果。为了让每个人都有展示的机会，我们要求在小组内轮流上台展示。

（二）问题的探究

当问题展示出来之后，教师一般不急于说出答案，也不急于做定论，而是在全班内进行深入讨论交流，让大家充分表达意见和看法。可以质疑，可以反驳，可以补充，可以拓展延伸。教师应该充分聆听学生的发言，或者及时给予支援；或者及时给予点拨点评；或者通过反问促使其进一步思考；或者进行引导拓宽他们的思路。总而言之，在探究阶段，给学生更多时间，更多表现的机会，让他们每个人的意见都得到尊重。这样既可以提振学生的自信心，又可以锻炼学生的心理素质，发展学生的语言表达能力。传统课堂教学中那种几个好学生发言，然后教师总结，并且力争把学生朝教师预设的轨道上引导的做法在这儿不复存在。可以说，整个课堂是开放的课堂，是民主的课堂，是个性化的课堂。

（三）资料与资料支持

问题提出之后，如何回答问题，拿什么来支撑自己的结论。这是我们学生所不知道的，大家一般都是泛泛而谈，没有文本意识，没有资料意识。对此，教师对学生的回答必须要求他们从文本中找出相关的内容来说明自己的问题，支撑自己的观点。其他同学或反驳，或补充或质疑必须要紧密结合文本，避免空泛。

（四）聚焦真实的课堂——《为了他的尊严》教学镜头

这是我们探究问题的一个片段，也是一个课堂教学的小镜头。在对学生问题探究阶段，我们常常会回到传统课堂教学的老路上，把学生的问题作为教师的教学问题进行思考回答。这样尽管可以节约时间，但是，老师的干预会使学生感到拘束。我们放开学生，就一个重点问题进行深入探究交流。目的只有一个，就是让每个学生都有表达他们观点的机会，哪怕是重复，只要他们在语言上有区别，在认识上稍微有不同，都应该得到鼓励与支持。学生提出来的问题在很大程度上不是老师预设的问题，但是，并不能说这些问题就没有价值。

课堂教学镜头：

老师：上节课，我们自主学习了《为了他的尊严》，在阅读的过程中大家都提出了自己的问题，并且在小组之间交流了自己的问题。我相信大家一定筛选出了小组的问题。这节课我们一起来探究大家的问题。首先，有哪个小组来汇报本小组的问题？

老师：好，李玉康这个小组来汇报。

李玉康：我们小组经过筛选，筛选出来四个问题。我们小组的第一个问题是，一位妇人为什么要用搬砖来开导这位乞丐呢？我们小组的回答是，因为这个妇人不想看到这个乞丐一辈子都去乞讨，不想让他们没有尊严地生活。妇人想通过搬砖来开导他，让他们通过劳动来重新拾回自己的尊严。

老师："拾回"这个词有点不恰当，应该换成……

学生集体：找回。

老师：对，是找回自己的尊严。（面向全体同学）对他们的回答大家认为还有没有补充的？

陈金玉：他是一个没有尊严的人，老妇人只想让他明白，要想有一个美好的未来，就要有足够的自信心。

老师：你的意思是必须要有足够的自信心，只要有了自信心，才能走向真正成功的未来。

同学：我觉得，刚开始乞丐不愿意帮她搬砖。妇人显然看出来他的心思。她自己先证实给他看，希望让他明白不是只有双手才可以搬砖，一只手照样可以搬。这位老妇人，她是一位女性，而乞丐是个男性，难道男人还不比女人强吗？这让乞丐明白了一个道理，乞讨来的根本不是真实的，要想成功，必须要靠自己的双手，创造美好的未来。

老师：老妇人是怎样想的呢？

杨富乐：老妇人想让他明白，要来的钱永远不能成就大业。

老师：谁再有补充的？

王春燕：我觉得女主人也想让他明白，劳动是最可贵的，只有用劳动赚来的钱，才可以有尊严地去花，才可以弥补他过去失去的尊严。所以女主人也是为让他明白，尊严是最可贵的，每个人都不能失去他自己的尊严。

老师：为什么劳动才能让他更有尊严呢？

王春燕：生活是用他自己的双手创造出来的，这样的生活才有尊严。

老师：乞丐好不好呢？

王春燕：乞丐不好，因为乞丐会向别人乞讨，有些人还会虐待乞丐，把钱、馒头扔在马路上，让乞丐去捡，所以乞丐没有尊严。

老师：所以通过劳动才能得到自己的尊严。

老师：这个问题大家搞清楚了没有？搞清楚我们可以进入下一个问题。

同学：搞清楚了。

李玉康：我们组的第二个问题是：你怎么理解砖放在屋前和屋后都一样，对乞丐来说，搬不搬就不一样呢？

老师：（老师课件出示问题）老师也把这个问题设计进来了。大家看一下。

李玉康（主持人）：我们组的回答是砖放在屋前屋后都是一样的，搬不搬却不一样了。如果乞丐不搬，可以更进一步地看出乞丐已经不想拥有自己的尊严了。如果搬砖了，可以看出他失去的尊严重新回到了自己的身上。

老师：也就是说他只要搬砖了，那么他就可以找回自己的尊严。

陈金玉：我觉得，砖放在屋前和屋后都是一样，只是一个摆设而已。搬不搬对乞丐来说就不一样了。搬砖可以找回自己的尊严，就能战胜一切困难，就能成就大业，如果不搬就永远找不回自己的尊严，一生只能依靠别人的施舍。

曹建东：砖搬不搬都无所谓，老妇人想让他明白，劳动才能换来新的生活。

老师：也就是说，老妇人是要他明白，劳动才能换来新生活。

雷超：我觉得砖只是一个摆设，第一个乞丐让他搬砖，他看了一下老妇人，他搬砖了。而第二个乞丐，没有搬砖，他只是看着老妇人给他的 20 元钱。第一个搬砖的乞丐，他成就了大业，最后成为了董事长，经理，而第二个呢？他没有搬砖，他没有找回自己的尊严，他没有得到成功。

老师：他没有"取得"成功，而不是"得到"成功。

陈振平：砖放在哪儿，都一样，乞丐搬了，他就有自己的尊严，他觉得自己很有价值，也觉得自己是个有用的人。如果不搬砖，他就找不到自己的尊严，不知道他是一个有用的人，还能挣，养活自己。

老师：搬了以后他才知道自己还有一只手，还能通过一只手，来养活自己，不再做乞讨的事了，这样他就会找回自己的尊严，不再过那种没有尊严的乞讨的生活了。

王春燕：我还可以从第二个乞丐看出来，他鄙视劳动。如果工作了，他就可以获得 20 元钱，他不搬砖，是因为他不想做有尊严的人，他只想靠别人的施舍过一辈子。而第一个乞丐他搬砖了，他就可以过有尊严的生活。而女主人想让他知道尊严的可贵。从这里可以看出来，砖放在屋前屋后都一样，搬不搬砖对乞丐不一样。放在屋前和屋后都一样，但搬不搬就可以看出这个人的人格和人品。

许娜：搬砖让他知道了，在以后的日子里，要凭自己的劳动来养活自己，不能让别人一直来施舍你。

苏亮：我觉得搬不搬砖，都一样，乞丐，他搬了砖就可以通过一只手的劳动过有尊严的生活，他就可以知道，自己还可以劳动还可以打工赚钱。他知道了不劳动的人，一辈子什么也得不到，只能去乞讨。砖放在屋前和屋后都一样。而对乞丐，如果他搬砖，他就知道他有一只手，能够干活，也能创造自己的生活，如果他不搬，他就想我就剩一只手了，就靠施舍来过这一辈子的生活吧！

老师：对，这是依赖性。

曹建东：我的意见是，如果搬的话，乞丐就知道自己还有尊严，如果不搬砖，他就永远抬不起头来。

昊立旭：我觉得砖放在屋前和屋后都是一个摆设，搬不搬对乞丐来说是不一样的，因为他想找回自己的自尊心。

课堂教学评析：

这是一堂比较典型的三步自主合作探究法对问题的探究课，课堂教学过程中教师很少发言，更多的是让学生开口说话，集中讨论学生的几个问题。教师对学生的发言没有过多干涉，尽量让想发言的同学发言。尽管其中学生的语言比较粗糙，不够精炼；尽管他们对问题的思考并没有多么深刻，有个别还偏离文本。但是，正是因为他们是学生的思考，所以才显得弥足珍贵。每个问题都有许多同学发言，尽管同学们的发言并没有实质性的不同，但是，在语言表达上有不同之处，这也是值得肯定的。

多年来，我们教师总喜欢直奔主题，只让几个学生回答，如果答案与教师设计差不多就开始下一个问题讨论，老师就像走马灯似地将自己设计的问题过一遍，不管学生是否真的理解了，也不管学生是否还有其他认识。我们总是喜欢告诉学生，就是不喜欢倾听学生。我们总喜欢学生一次能回答完整准确，我们总是喜欢追求完美，总喜欢把自己的认识告诉学生。怕耽误时间。多少学生因此不再思考，不再回答问题，多少学生自信心被打击。

从传统意义上看，这不是成功的课，课堂教学过程不紧凑，过程有点散漫。教师没有发挥多少作用。但是，如果成功只是指教师上得精彩，讲解得透彻，那么，这的确算不上好课。如果从培养学生语言表达能力，培养学生自信心方面来看，这样的课也有存在的价值。应该说，这不是一般意义上的好课，从课改这个角度来看，应该说是充分体现了以学生为本的教育理念，是一堂真正意义上的课改课。学生身上蕴藏着巨大的能量。只要我们教师善于去挖掘，就会有许多不一样的发现。只要我们教师善于放手，敢于放手，让每个学生的能量充分释放出来，那么这样的课堂一定是充满活力的课堂，一定是能够激活学生的思维，激发他们探究的课堂。这样的课堂会使学生的综合素质得到强有力的培养。

‖ 第十章 ‖
"三步自主合作探究教学法"实施过程

一、"三步自主合作探究教学法"实施过程概述

新课改把合作探究教学作为课堂教学改革的基本方式。纵观当前的各种课堂教学改革，我们的课改都在合作探究的框架内进行，大家努力的方向也在对合作探究教学进行研究、实验，我们也不例外。

我们课题组对合作教学进行过深入研究，做出过许多探索性的实验研究，也取得了一些经验教训，获得了许多有益的启发。合作学习是建立在自主学习的基础之上的，有效的自主学习是合作学习的前提条件。而什么又是有效的自主学习呢？笔者认为建立在探究学习基础上的自主学习才最有效。探索未知事物是人类的天性。对于文本来说，我们常常对学生进行灌输式教学，学生经常进行接受式学习，这十分不利于创新人才的培养，也不利于学生语文学习能力的提升。

阅读从本质上说是一种思考。但是，经常开展接受式学习，学生失去了主动思考的意识和能力，结果走马观花式的阅读普遍存在于我们学生中间。要改变这种现状，就必须对我们的教学做出改变。也就是说从教师的教为主转变到以学生的学为主。以学生的学为主，就必

须对学生的学做出调整，改变过去那种只重视阅读，不重视在阅读过程中思考的教学法。要真正让学生在阅读过程中思考，必须从提出问题开始。也就是说让他们在阅读过程中提出问题。一方面教师便于督促学生阅读，另一方面也便于探究教学的进一步展开。

探究是主体自觉自愿的一种学习活动，探究源于问题，探究是对在自主学习过程中产生的困惑的一种积极的思索研究。

我们在教学实践中深切地感觉到，新课改没有落到实处，关键是我们对合作探究教学的认识还停留在一个比较浅的层次上，我们还没有对合作探究教学的本质做出深刻反省。尽管我们课改高涨学生为主体的教育，但是，学生的主体还停留在理念层面上，真正意义上的实践层面的东西并不多。学生主体地位如何发挥，主体作用如何在教学过程中得到体现，我们还没有从根本上做出改变。我们的课堂教学基本上还遵从着教师导语—初读课文—深入探究这样的基本教学模式。每个教学环节中我们都不忘教师作用的发挥，似乎不这样就不是教学。教学的重点放在了教上，而没有放在学上。教学应该是教学生学，而不是教知识让学生接受。我国古代教育主要是学生学，是记忆、背诵，这是教师教学的前提和基础。而现在，学生的学习成为次要的，教师的教却成了主要的。这种教与学的本末倒置，使教学过程虚化、弱化。真正意义上的学生的学还没有在课堂教学过程中发生。

在对合作教学进行研究的基础上，我们感觉到，有必要对探究教学进行深入研究，或者说，合作进行深入研究下去，我们不得不面对探究教学。合作教学要真正深入进行，要是合作教学有效，就必须要进行探究性学习。合作学习的前提是自主学习。然而，如何有效地进行自主学习，就必须要让学生在探究中自主学习。

当我们进行课堂教学改革，我和我的同事首先进行课堂教学结构的改革，我们深切感觉到课堂教学改革落地非常重要。最关键的还是进行教学实验研究。我们的研究从三年级语文开始。在一般人的观念中，小学三年级学生学习能力还不足，要进行课堂教学实验研究困难非常大。特别是要把原有的课堂教学模式推翻，把课堂交给学生，自然风险极高。我们已经习惯了教师把控课堂，习惯了教而不习惯放手让学生学。一方面学生学习，打破课堂教学结构，原来教师做的事情由学生来完成，比如课堂提问，比如课堂对文本的探究，比如对每个问题的回答都是在学生充分发言的基础上来进行等等。我们把课堂真正教给学生，然后我们寻找教师发挥作用的方式方法。也就是学生做完了，教师如何将学生的学习结果呈现出来，如何在充分合作交流的基础上进一步地深化学生的认识，拓展学生的思路，开拓学生的思维空间。另一方面我们寻找学生作用发挥的方式方法。两者的结合才是我们的根本。按照我们初步的设想，学生自主学习提出问题，我们的学生不会提出问题，没有提出问题的意识，也不知道从哪里提出问题等等。提出问题之后呢？学生提出的问题多而杂，我们在有限的课堂时间段内如何去处理他们的问题，如何去探究他们的问题。当他们有了认识，探究有了结果之后，我们如何去让他们展示。

对这样的课堂教学一方面是教师不适应，难以把控课堂局面。另一方面学生也不适应。他们习惯了听，习惯了顺从老师的指令。他们按照老师的指令来学习，老师突然不发指令了，一切首先由他们来决定，显然，他们也不习惯。我们知道，现在信息社会，学生获取信息的能力决定学生未来发展。如何激活学生，激发他们主动探究的欲望，就成为我们思考的重点。开始，课题组成员的疑虑是巨大的。我们在实施过程中也出现了许多问题。但是也有许多意想不到的惊喜。我们发现一些平时学习好的同学，他们在课上表现要拘谨得多，他们特别害怕出错，有些平时学习不怎么样的同学，他们在提问方面反而要积极主动得多。他们对问题的思考视野要开阔得多。

然而，三年级学生识字量有了一定的扩大，而且也是学习能力开始培养的好阶段，因此，从三年级开始"三步自主合作探究教学法"

的教学就显得非常必要而且可能。

根据我们的设计，课堂教学从学生自主学习开始，主要是自主提出问题。说实在的，开始大家都没有什么信心，对三年级学生能不能提出问题，能提出什么问题感到担忧。实际情况又和我们预料的一样。首先是学生不主动思考提出问题。有一部分学生心思根本就没有在学习上。许多学生也不习惯自己学习提出问题。我们放到高年级也同样存在这样的问题。我们没有什么经验可以借鉴，一切都是我们自己在实验过程中进行探索改进。好在我们课题组成员都比较年轻，创新意识都比较强。特别是王巧玲老师，成为我们课堂教学坚定的支持者和实验者。我们搭好骨架以后，决定由我和王巧玲、龙瑞凤进行实验。正好，我是三年级，龙瑞凤是四年级，王巧玲是六年级。我们课题组几乎囊括了小学中高年级。王巧玲有一定教学经验，龙瑞凤刚毕业不久，实践经验比较缺乏。在整个研究过程中，我们不断修改，完善，最后形成了目前的教学模式。模式建构起来，我们还进行了大量的课堂教学实验研究，效果都比较明显。我在实验研究过程中做了许多记录。虽然是随手记录的，但是却完整地呈现出了我们课堂教学模式研制的过程。

我们发现，语文教学中，进入文本的方式多种多样。一个词、一句话都可以探究到文本深层次的东西。关键不在问题的大小，而在于教师如何根据问题去引导。如何将一些看起来价值不大，或者按照我们传统课堂的问题有点荒腔走板的问题，进行引申。特别是要联系上下文，前后呼应，发挥问题的价值，这才是关键。因此，我们让学生提出问题，并不在意学生问题价值的大小，而是关注学生能够提出一些什么问题，他们为什么会提出这些问题。循着学生的问题，我们很容易就可以了解学生对文本在阅读过程中出现的困惑，又能从问题中获得学生自主学习的效果，这为我们进一步引导学生阅读提供了很好的入口。

过去，我们说要了解学生，其实，我们并没有真正了解学生。我们理解的学生只是一般意义上的学习状况，而不是具体的。每一篇文章都有不同的特点，学生的个性特征不同，他们的能力层次不同，他们面对不同文本产生的问题困惑不一样。因此，我们只有通过学生自主阅读中的问题，了解每个学生的学习状况。这大大提高了教学的针对性和有效性。

第二步合作交流问题。在开始实验阶段我们的确不知道如何处理学生这么多的问题。王巧玲老师曾经采取收集学生问题，然后集中解决的方法，但是，这样做既浪费时间，也不好操作。比如，是课前让学生自主阅读提出问题还是在课内阅读提出问题，放在课内，收集处理问题会费一大半时间，不利于课堂教学展开。后来，我们利用多媒体技术，让学生将问题写在纸上，然后分别展示。这样的效果也不好。问题还是一大堆。课堂没有办法把所有问题解决。经过我们的研究。我们需要精简问题。怎么精简？是老师收集起来精简还是学生精简？我们想到给学生问题分类，按照类别来处理解决问题。这样操作也还是比较麻烦。最后，我们联系到了合作学习。能不能通过合作交流，让学生来筛选掉一部分问题。于是，我们在课堂教学中进行实验研究。效果非常明显。为了合作交流方便，我们让每个学生将问题批注在书上，然后进行交流。一般四人一组。要求每个人先汇报自己提出的问题。其他同学认真倾听。在倾听的过程中，可以对这个同学提出的问题进行判断。这个问题有没有价值。我们给学生一个标准。这个问题是不是结合文本提出来的，在文章什么地方。每个同学交流完问题之后，我们让他们筛选小组问题。并且要求尊重每个同学的问题。

汇报问题阶段。我们让各小组选派代表上台主持。要求主持人首先做自我介绍。然后告诉大家经过讨论交流，本小组提出来了几个问题。第一个问题是什么，我们小组认为这个问题应该是这样的。在汇报完问题，并且把自己小组讨论的问题结果汇报之后。要求主持人征询其他小组的意见。等同学们充分发表意见之后，或者如果同学们的讨论进入死胡同。教师就应该及时出来为学生指明方向。比如，同学们离开文本过度发挥的时候，我们要求同学们回答是从文本的哪些内容，哪些词句中看出来的。也就是说每个问题都要紧扣文本内容展开交流讨论。要从文本中寻找证据证明自己说法是有根据的，也是合理的。教师一般不直接亮明自己的观点，对学生讨论中出现的问题，一般采取点评、质疑、追问的方式。促使学生进一步反思，进一步去思考。教师参与教学主要在这个过程中。许多教师在这个地方出现问题，迷失自我，找不到自己在课堂教学中的位置，不知道如何发挥自己作用。对一些学生没有涉及的问题，而教学目标中又有的，可以由教师提出来，进行交流探究。在问题探究阶段，教师要耐得住性子，要对学生的回答尽量进行容忍，特别是要多从学生角度思考，找到他们问题和答案的根源，知道他们为什么会有这样的问题，这样的答案，他们是怎么思考的。只有找到学生思想认识的根源，我们才能有针对性地去引导他们。

二、"三步自主合作探究教学法"初期实验过程中出现的问题及采取的对策

2013 年 11 月 7 日　星期四

今天，在六年级上一节课题研究示范课。模式是由我设定的"三步自主合作探究教学法"。课题为《企盼世界和平的孩子们》。课前我没有做什么安排，可以说是原生态的课。第一个环节自主提问阶段。本想让学生在五分钟内完成，但是由于学生需要将问题写在纸上，这

样耽误了时间，实际用的时间要稍长一点。等学生小组合作提问完成，我让他们分小组来汇报。指名一个小组来汇报，其他小组认真倾听。有不同的问题可以提出来，相同的就不必提了。从提出问题的质量来看，学生的问题几乎涵盖了我们教师需要提的问题。可以说，这些问题解决了，我们对课堂的理解程度也就深刻了。可见，我们的学生并不笨，许多时候，是我们的教师不放手。

第二个环节是让他们就这些提出的问题进行交流。看他们小组能够解决哪些问题，问题能够解决到什么程度。这个环节用时也比较长，主要是学生之间的磨合还不够。特别是在合作学习的过程中，还有学生不说话、不讨论、不交流。今后该如何处理这个问题，应该是我们教学研究的一个重要问题。

小组汇报阶段，首先周慧这个小组。他们就第五自然段的问题做出了解答。从回答来看，他们的思考很深刻，老师要说的话他们全部说了出来。我想问题已经回答得很完满了。我问其他小组还有没有补充的，有一个人起来补充。出乎我们的意料之外，他们补充的这一点我们还真没有注意到呢！看来，学生的能量只要发挥出来，是我们教师所不可想象的。

2013 年 11 月 5 日　星期二

今天，上《钓鱼的启示》。这是我严格按照我们设定的"三步自主合作探究教学法"上的第一课。前面虽然设定了模式，但是，考虑到这个班级我接上不久，和学生之间的磨合还不充分，因此，也就没有上。由于前面几个老师上的课都没有能够严格按照模式进行，从他们上课的情况来看，显然，他们还没有真正理解吃透模式，还需要我来做示范。说好了，要在六年级上。但是最后还是决定在我们班级试验一下，看情况如何，取得一些经验之后，再在六年级上。这样应对起来就比较从容了。

进了门，我就让学生拿出前置性作业，然后，简单地导入，就让他们开始学习讨论问题。首先字词。学生开始还不适应。他们还不知道从哪方面入手。我也不急。让他们先将自己提出的词语方面的问题拿出来与别的同学交流，看哪些词语和别的同学相同，哪些不同，哪些还需要讨论，哪些不需要讨论。最后，我让小组汇报。结果没有一个小组举手，我只好叫了一个小组汇报。显然汇报结果并不理想。他们只说了词语方面的问题，但是词语究竟是什么意思，他们并没有说。我也不知道该如何让他们说。

第二步是让他们就人物语言神态动作的词语的问题进行交流。同学们的交流气氛还是比较热烈。为了研究方便，同学们讨论，我顺便给他们录像。等交流得差不多了，我让他们汇报交流成果。这次，举手的人多，回答也很积极。看来，同学们还是有一定的认识了。我让一个小组汇报，其他小组认真听，看有没有不一致的地方，如果有的话就提出来。每次汇报完一个问题，我都会问他们，你们交流了没有，交流的结果如何。大家几乎都摇头，他们只是提了问题，并没有思考问题。

在上课的过程中，显然有一个问题困扰了我。学生讨论过的问题如何去知道他们讨论的结果呢？仅仅让小组汇报提出的问题，还是他们对问题的讨论结果也一并汇报，这是一个难题。如果是要连讨论的结果一并说出，时间够不够用，而且课堂的秩序如何？还有待进一步的观察研究。

2013 年 11 月 3 日　星期日

今天上的是《罗斯福集邮》。我首先给同学们读完课文，就让学生思考问题。我要求同学们认真阅读文本，看每段写的是什么。为了让他们能够集中精力阅读，我不但随时巡视查看，而且还通过奖励红星的方式来激发他们阅读文本的热情。这样，效果很好。大家都争着要挣红星，所以，阅读都很认真、专注。看来，在某种情况下激励还是有作用的。

开始，我看大家都在找句子，为了培养他们的概括能力，我提示要他们用一个词语概括文本的内容。虽然如此，有些学生还是不能找到准确的词语。我知道，要让学生形成概括能力，需要长期的训练。尽管大家找出的问题千差万别，有些根本不着边际。我想长期这样训练，学生一定会有所收获的。他们的阅读能力、寻找问题的能力、概括文章的能力等都会有一定程度的提高。

看同学们自主学习出现困难。我便将一二自然段做了提示性的分析说明。果然，学生在学习其他段落的时候，就顺手多了。看来，教师在该提示启发的地方一定要启发。

2013 年 11 月 1 日　星期五

今天上《飞夺泸定桥》。这是一篇旧课文，一直以来都被选入小学语文课文，我曾经上过两次，都是自己讲解，学生聆听。过去我曾经认为这篇课文理解起来比较困难，学生学起来比较吃力。但是，今天的课却上得很是顺利，关键就是简化了课堂教学程序，充分发挥了学生的主体作用。

我没有像过去那样讲解，而是结合题目，让学生知道文章主要写的是"飞"和"夺"。于是我让大家自主阅读课文，看红军战士在"飞"的过程中遇到了哪些挑战，他们又是怎样克服的，在"夺"的过程中又遇到了哪些挑战，他们又是怎样克服的这样两个问题。我在一边巡视。结果，我看到许多同学认真仔细地寻找困难，我还听到了几个学生讨论的声音，他们通过重点词语找出了困难。我感到很是兴奋。果然，在检查学习情况时，许多小组都找到了具体的问题。课后，我问他们，你们学懂了没有，他们说，这样很好，学懂了。看来，我们不能小看学生，只要老师善于、敢于放开学生的手脚，给他们自主学习的机会，他们还是能学出一些东西的。

这是我上的最成功的一课。

2013 年 11 月 13 日　星期三

今天早晨上的是老舍先生的《草原》。上一节语文课，我让学生先自主学习，本想这节课让学生讨论交流，但是一进教室，我忽然改变了主意，何不尝试培养同学们的问题意识呢？于是，我简略地介绍了一下文本的背景，简单介绍了一下作家老舍，就让同学们一边看书一边提几个问题。

同学们开始阅读起来，我就在教室里面巡视。不一会儿，曹建东同学不住地回头看着我，意思是他已经提出了问题。我很高兴，急忙走过去，接过他手中的纸条，看了看上面提出的问题。显然，这些问题是没有经过认真思考提出来的，许多问题不着边际。我转到其他几个用目光看着我的同学跟前，接过他们的纸条，看了一下，除了李海燕以外，大家还真没有几个提出问题的同学。同学们的问题大多停留在表象上，没有触及文本的真实的东西，可见他们还没有这种能力，也没有提问题的意识。我归了一下类，同学们的问题大概有这些：

首先是字词方面的问题，这方面问题比较多。

其次是地名方面的问题，文中提到的"陈巴尔虎旗"他们不知这个"旗"是什么意思。

再次是有一些同学是对最后的那首小诗不理解。

我看同学们已经是提不出什么问题了。我想，就给他们提几个问题，启发一下听他们，看他们有没有想法。

我说："同学们，我们知道本文是写作者来到内蒙古，得到了内蒙古人民的热情接待，他感受到了各族人民亲如一家的感情，因此，他写了这篇文章。我想问的是作者为什么要以草原为名，而不用蒙汉人民情谊深这样直接说明主题的题目？"这个问题一出，同学们都瞪大了眼睛，显然，他们根本就没有想到这里去。

第二个问题，我说"大家知道，既然文章写的是内蒙古人民的深情厚谊，表达的是他对民族大团结的深切的体验和感悟，那么文章开头为什么要描写草原的景色？"我看到同学们的眼睛都投来了会意的目光。我知道，此时此刻，他们已经有了感受，已经知道了问题的提出从哪个角度出发了。我本想让学生根据我的问题，让学生再看看他们还能提出什么问题，但是这时候下课铃响了，我只能下课。我想到下一节课再让他们提问题，看他们究竟能不能提出一些深刻的问题。

三、"三步自主合作探究教学法"总结阶段出现的问题及对策

2014 年 2 月 28 日　星期五

今天早晨上的是《语言的魅力》。为了让学生体会"魅力"这个词语的含义，我在导入语中，就问学生："魅力是什么意思？"许多学生心中有个大概的意思，但是就是用语言表达不出来。我又问学生："我就是一个很有魅力的人，你们找一找我的魅力体现在哪些方面？"这一问，把学生的话匣子打开了。有几个学生举手回答："老师，你的魅力表现在你的语言上。"我接过话茬说："也就是说，你认为老师的语言生动流畅，形象感人，给人一种特别的感受，所以老师的语言就有魅力！"另一个同学说："老师，你的魅力在你的眼睛，你的眼睛很有光彩，特别是看学生的时候。""呵呵，看来，大家虽然说不出魅力是什么意思，但是，你们却会使用魅力这个词汇了，很好。学习就是要这样。"我鼓励同学们。

我说："的确，一个人的谈吐不凡，会使这个人显得很有魅力，

从中我们也可以说，语言是很有魅力的。今天，我们再看一个有关语言具有很大魅力的短文。"然后，我让同学们打开书本，认真阅读，看文章为什么要使用《语言的魅力》这样的题目。

经过这样的师生互动与交流，激发了学生的学习兴趣，为学生进一步学习下文奠定了基础。

围绕着魅力这个词语，我让学生打开课文，首先自主学习，看自己懂得了一些什么，还有哪些东西不懂，将不懂的地方标记下来，提出问题，然后和同学交流。

在学习过程中，教师一般不干预同学们的学习。教师巡视，如果发现哪个同学学得认真或者是提出了一个好问题，我就投以赞许的目光以示鼓励。本课由于有前面的导语，学生对魅力的理解，学生学起来很是顺手。可以说，上得很是成功。

2014 年 3 月 24 日　星期一

今天早晨语文自习，我让学生首先自主学习课文，提出问题。这是"三步自主合作探究教学法"的第一个环节。这个环节主要是让学生自主学习，教师不做干预。这样可以充分发挥学生的主体作用。这个环节一般课堂气氛很是安静，同学们学习也很是认真。按照一般课堂的教学来说，没有什么看点。然而，真正的看点在第二课时。同学们经过第一课时的自主学习，提出了自己的问题，合作筛选出了自己的问题。我进行第二个课堂教学环节，合作筛选问题。大概有二十分钟，就有同学举手，我看时机成熟，便开始了提问探究阶段。

第一个小组提出了三个问题，第一个问题价值不大，我没有很在意，第二个问题值得思考，是细节性的问题，只有第三个问题，我认为提得很有价值，如果这个问题搞清楚了，整个文本也就搞清楚了。于是我问同学们，你们组问题思考的结果是什么？他们说我们组没有思考出来，我问其他小组呢，有没有思考过这个问题？大家纷纷举手，表示他们组也提出了这个问题，并且做了思考。于是我让他们来回答。学生的回答出乎我的意料。思路开阔，语言丰富。看来经过一段时间的自主探究学习，学生的提问能力、思考问题的能力有了很大的提高。"三步自主合作探究教学法"不一定要将他们提的问题全部展示出来，只要是小组内提出了大家共同的问题，提出了事关研究文本的核心的问题，我们就可以花费大量的时间来进行探究性学习，力争通过一个问题的学习让每个同学都得到发展。同时，"三步自主合作探究教学法"要十分重视小组之间对问题的补充完善，这是非常重要的一环。可以充分发挥集体的智慧，将问题完满地回答出来。

2014 年 3 月 18 日　星期二

昨天晚上，醒来得早。想到了课题研究的问题，想到了最近几天听的一些公开课，比赛课，我突然有了一种想法。对我们的课堂教学模式有了全新的认识。我们可以将教学模式分成三种，以应对不同的课型，不同的文本。比如，可以有辩论性课堂教学，自主学习—提出问题—小组之间相互质疑问难—进行辩论，这种课堂主要适用于那些容易产生歧义的文本，或者本身具有辩论色彩的文本。还可以以记者招待会的课堂教学模式来进行。学生思考提出问题，在课堂上一组学生作为主人公，一组作为记者，在课堂上进行问答式学习。这样，经过角色转换，学生对人物进行切身体验和感受。深入到文本的内部，达到对文本的认识。还有一种就是基础模式。也就是我们平常上课的那种学习模式。这样三种教学模式相互映衬，相互补充，使我们的课堂教学有一种很高的境界。

2014 年 3 月 25 日　星期二

早晨，两点钟就醒了，睡不着，起来，随手拿起床边的《语文学习》杂志。其中有一篇为深圳北师大南山分校杨先武先生写的文章

《人文性真的过头了吗？从语文界的纠偏谈起》一文，有许多想法，随手拿起笔记录下自己的一些感想。

杨先生认为，就整个语文教学界来说，人文性并没有真正落实到教学实践中去，语文教学更多的是被技术训练、应试训练所占据。应该说杨先生的这种认识是符合实际的，但是他重新拾起语文的人文性，认为语文教学就是要培养学生的人文精神。他认为语文的人文性徒有虚名，实无立锥之地。现实的语文教学既不具有工具性，又不具有人文性。

他认为教育的本质在育人，这是不错的，但是拿什么来育人，这又是另一个方面的问题。数学拿数学的知识育人，历史拿历史知识来育人，语文自然是要拿语文知识来育人，这也是不错的。关键是这语文知识和数学知识不是同样的概念。语文知识有其确定的一面，又有其不确定的一面。语文知识确定的一面是语文知识是对语文规律的总结和概括，是科学知识。但是，语文知识不确定的一面是语文知识不像数学知识一样，只要学会了就会使用，语文知识是和人的认识有关的。比如，我们学会了比喻、拟人等修辞手法，我们并不一定会使用这样的修辞手法去写作，因为，如果一个人在此事物和彼事物之间没有建立起相似性的联系，他们也就不可能会造出比喻句。同时，还要有对此事物和彼事物有良好的感觉，这种感觉上的沟通不是靠知识，更主要的还是靠感觉的联系才能形成一种比喻和拟人的修辞手法。这种联系既与对两种事物的认识有关，又与对两种事物的敏感程度有关。

在作者看来，有了一定的人文精神，就会有一定的语言形式，语言形式和人文精神是合二为一的。果真如此吗？我们要问的是人文精神又拿什么来教育，是作品的言语形式还是作品的言语内容。这里有一个重视言语的形式还是重视言语的内容的问题，新课程标准把语文课程的性质规定为一门学习和使用语言文字的实践性的课程，显然，学习和使用语言文字是语文课程的终极目标。我们要正确地使用语言，我们学习语言的组合规律，这是经过总结而获得的。学生虽然天生会说话，会说正确的话，但是我们并不能保证学生每句话都是正确的，也不能保证每个学生都天然地就具有语言能力，这种语言能力不是一般意义上的语言能力，而是能写作、能正确地表达的能力。相反，人文精神和人文情怀是天生就有的，与生俱来的。我们不能说不识字的人就没有人文情怀和人文精神。有时候，这些人的人文精神和人文情怀比我们的文人还要高。但是他们为什么不能进行文学创造，关键是他们没有掌握语言这门工具。我们可以通过语文学习影响一个人，让一个人的精神生活更丰富，人文情怀更深厚。

人文论的提出的根本目的是为了提高语文教学的效率，重视语言学习的特殊性。而不是把这种特殊性作为重要的东西来学习来培养。过去，我们的语文教学效率不高，不是因为学习了语言，不是因为工具性的提出，不是目的出了错，而是我们的方法出了错。我们将学生当作容器，在于我们灌输式的教育。这样一想，我就更坚定了推行和实现"三步自主合作探究教学法"的决心和信心。

2014 年 3 月 26 日　星期三

今天早晨两节语文课，外加自习三节。因为考虑到明天要上公开课，而《语文天地》上的课又不很是适合上公开课。所以，早晨也就上《语文天地》。本想创新一下字词的学习，让他们也按照"三步自主合作探究教学法"的方式来学习，但是考虑到时间问题，也就和平常一样地上课了。到了最后的阅读课，我还是按照"三步自主合作探究教学法"来上的。学生自主学习，到了探究阶段，学生的热情高涨，无论是问问题的质量还是回答问题的质量都有了很大的提高。比如，学生提出为什么课文要写朱德和兰花，写兰花的目的是什么？这样的问题正好是文本的核心问题，也是我们学习文本需要解决的问题，学生却提出了。而且他们结合兰花的品格与若兰的品格来回答，说兰花是为了衬托若兰。还有好多精彩的回答我记不清楚了。还比如，他们提出你是如何理解朱德的那首兰花诗的这样一个问题？开始同学们回答不着边际，但是他们却能结合文本来回答，虽然没有就诗歌本身做回答。到了下课，学生热情不减，还要求继续上课，他们不想下课。现在，我终于找到了一种能够有效提高语文教学效率，凸现学生主体地位的语文教学方法，值得欣喜。

2014 年 3 月 27 日　星期四

今天是公开课，应该说，上得很是成功。前一段时间，都是课题组成员上课，为了让每个课题组成员能够掌握"三步自主合作探究教学法"的教学环节，把握"三步自主合作探究教学法"的教学流程，所以，本周的课题公开课决定由我来上。我严格按照"三步自主合作探究教学法"来上的。首先，我设计了导语，平时上课一般没有设计导语。因为，作为一种全新的教学方式，主要还是要培养学生，让他们能够和教师的节拍合起来。而今天则不同，今天需要将一切可能的东西都要设计进去，让大家知道教学的基本流程，至于具体的做法，可以根据自己的教学喜好来设计。

第二课时，到学生发言阶段。学生的表现出乎我的意料。一方面，这是一篇散文诗，而且又是纪伯伦的散文诗，文章虽然写得很好，但是要让学生提出问题，说出所以然来，似乎并不很容易。但是，我们的学生已经形成了一定的思维习惯，他们的思维视域比较开阔，语言的表述非常流畅生动，从中可以看出来这样的课堂教学模式对学生的作用有多大，让听课的老师大为感慨。我看到下面许多教师不住点头赞叹。

2014 年 3 月 28 日　星期五

今天语文课上，我结合昨天的上课情况，就学习过程中出现的问题以及学生还没有涉及的问题进行了讲解，经过他们的自主学习，经过我这样的讲解，学生的认识更全面了，更深刻了。我们学生的思维能力之所以如此地广阔，也许就和我的这种讲述方式有关吧。从学生的神情来看，他们听得很投入。我想如果没有昨天那种自主学习，自主提问，自主回答，激发起他们强烈的思考的愿望，也许，今天的课堂教学也不会有这样的效果吧！

上《我们的手指》一课，学生提出的问题很多，我们对每个小组的有价值的问题进行了探究，探究效果很好。其中有一个小组提出了一个问题，为什么主要写了拇指、食指和中指，而小指和无名指却不写。他们自己的回答是，因为这两个指头作用不大，写出来浪费笔墨。借着这个问题，我让同学们仿照本课的拟人化的写法，将自己当作小指和无名指来写一写。要求按小组来写，集大家的智慧。同学们很兴奋，随即写起来。从交上来的作品看，写得都不错。我想对"三步自主合作探究教学法"要灵活使用，教师要善于发现学生问题中的闪光点，及时捕捉，善于诱导学生去探究这些问题背后隐藏着的东西，这样，我们才能真正将学生的语文能力训练出来。

2014 年 5 月 4 日　星期日

今天，上《渴望读书的大眼睛》。因为期中检测前时间不够，只是让同学们自主学习了一下，并没有让他们合作交流探究。所以，今天我决定用一节课的时间来结束这篇课文。按照惯例，同学们的发言都很多，也很积极。特别是提出的问题更多，因为同学们都需要回答交流展示，因此，常常一节课的安排需要两节课。我想，能不能有更快的方式结束交流呢？首先，大家提出的问题让他们思考，看到触及问题的实质，回答得也已经差不多了，我就应该出来总结一下，理清他们的思路，进一步延伸他们的思维，这样，很好地解决了问题，又节约了课堂时间。最后，我问同学们，还有没有不同的问题，他们说没有了，他们提出的问题被其他小组给抢了。看来，现在，同学们的提问能力有了很大的提高，他们提出的问题也有了很大的趋同性。这对节约课堂教学时间也起到了很好的作用。

2014 年 5 月 5 日　星期一

今天，上《永生的大眼睛》，感觉很不错的，学生越来越会表达，越来越会回答问题，特别是他们能够结合文本来思考回答。看来，"三步自主合作探究教学法"确实是很有用的一种教学方法。但是我想大家为什么还是不认同这种方法，他们实施过程中效果为什么不是太好呢？经过分析，我认为，"三步自主合作探究教学法"对教师的要求很高，教师不但要有多年的教学经验，能够处理一些学生提出的看似不着边际，但是却也有一定价值的问题。教师要善于站在学生的角度思考问题，把握他们思考的角度，思考的路线，这样才能从容自如地应对教学中的突发事件，也才能应对学生似是而非的问题。教师对文本要了然于心，教师要有耐心，要善于倾听学生的发言和提问，善于从学生的发言中寻找有价值的信息，善于从学生的认识出发进一步拓宽、延伸。

2014 年 5 月 13 日　星期二

上《草帽计》。学生开始提出的问题都很离谱，但是我并没有在意，我还是让学生认真回答思考。在回答问题的时候，我让学生一方面多看书，多从文中思考寻找答案，我还鼓励学生对一些回答进行针对性的质询，以便引起他们的注意，这样很好地解决了部分学生注意力不集中的问题，也可以在一定程度上纠正学生回答问题离开文本的问题，很好解决上面的学生在回答，下面的学生在胡思乱想的弊端。也在很大程度上促使他们不断反思自己的答案，深入地挖掘文本，对学生的思维能力的训练也是极好的促进。

本节课用的时间比较长，主要是学生的回答内容很多，许多初看起来没有什么实际的意义和价值，但是站在学生的角度来思考，你才能知道他们是怎么想的，你才能摸清楚他们的思路。也只有摸清楚他们的思路，你才能有针对性地去引导。教师不要怕学生说得多，也不要怕浪费了时间，只要他们敢于表达就要让他们表达，语文的最终目的不是为了完成那些教学任务，而是为了学生的发展。

2014 年 5 月 22 日　　星期四

今天，我给大家上了两节公开课。主要是因为课题组成员对"三步自主合作探究教学法"心存疑虑。他们在课堂教学中推行和实施的积极性不高。为了让他们真正了解"三步自主合作探究教学法"的精髓，认识"三步自主合作探究教学法"的实施效果，我就我班的学生给他们示范性的上了两节课。从上课的效果来看，大家一致认为我们的"三步自主合作探究教学法"已经成型，我的学生已经训练到了很好的程度，已经适应了这种方法。同时，从教学效果来看，我们的学生在课堂上的表现是超出意料和想象的。特别是我们上的这篇文章本身就很难理解，教师也很难讲解。比如，我班的徐娜同学就"陶醉"这个词所做的想象性的体验和感悟，已经超出了同学们的知识范围。

"三步自主合作探究教学法"最关键的还是自主学习，自主提问，这个阶段要给学生充分的时间，让他们和文本亲密地接触，在获得感性认识的同时，也对文本做理性的思考。前面几个老师之所以没有很好地贯彻"三步自主合作探究教学法"的教学原则，就是因为他们不知道放开学生的手脚，对学生没有信心。结果到后面，教师又是引导，又是帮助。教师还是牵着学生的牛鼻子走。

"三步自主合作探究教学法"前一节课重在自主学习，教师的导语不要过多，对生字词的解决主要还是靠学生自己，要让学生学会利用工具书，养成查阅工具书的习惯，这对学生探究能力的培养具有重要的作用。

四、聚焦真实的课堂——《唯一的听众》课堂教学实录

老师：上节课我们经过自主学习，提出了一些问题，同时通过小组合作筛选出了一些本小组认为有价值的问题。本节课我们就来展示同学们自己提出的问题，并且我们一起探讨这些问题。下面哪个小组先来展示自己的问题？

刘玉娇：这节课的第一个环节由我们来主持。大家好，这节课我们小组筛选出了六个问题。第一个问题是：你是怎样理解题目唯一的听众的？我们的理解是：听众一般都是成百上千的人，这里的唯一表明了听众的人数是一个，唯一表现出这个听众的特别和重要。哪个小组要与我交流这个问题？如果暂时没有，就请大家讨论一下。

男生1：根据文章内容，这位作者有很多听众，这里的"唯一"特指那位专心听他拉琴的老妇人。在家拉小提琴的时候作者经常被妹妹骂、被爸爸数落，他的自信心受到严重打击。而他在树林里拉小提琴的时候，这位老妇人却在那里静静地听，而且还说了很多鼓励他的话，从而使他受到鼓舞而拉得越来越好听。这里的"唯一"能表现出作者对老妇人的感激之情。

女生1：这里的唯一强调这个听众是独一无二的，她对作者来说是非常重要的！

老师：她的重要体现在哪里（老师追问一句，目的是让她继续思考，延伸他们的认识）？

女生2：她的重要表现为，是她鼓励作者把曲子弹得更加纯熟和优美。

老师：对，也就是这位老妇人给了作者勇气和力量（老师及时点明，让学生获得明确的认识）。

雷超：我认为强烈的对比反映出了这位听众的唯一性！在家里拉

小提琴时,他最亲近的家人妹妹、父亲都在嘲笑他、厌恶他,更不要说是别人了!而这位老妇人,虽然不认识作者,却给予作者亲人都未曾给过的鼓励,这个唯一的听众是何其宝贵啊!

刘玉娇:我非常认同你的这种说法!请大家继续讨论。

男生2:也许成名后的作者有很多听众,但这位老妇人在众多听众里面是最特别的、让作者受益匪浅的,老妇人在作者心目中的位置是任何人都无法取代的!因为这位老妇人是唯一帮助过"我"的听众。

(学生在讨论的过程中表现出了他们高超的思维能力,说明学生经过自主阅读提出问题和合作筛选问题阶段,已经对问题有了比较深刻的认识。他们回答的时候无论回答的深度还是广度都达到了基本的要求,有些甚至还超过了我们课堂教学的基本预设。)

老师:唯一帮助过我的听众!综合大家的讨论,我认为大家的认识是非常深刻和到位的!希望下一个问题的讨论,更能展现大家的真知灼见。请出示你们的第二个问题。

刘玉娇:我们的第二个问题是:第十三、十四自然段中的聋子,为什么要加引号?加引号有什么作用?我们的回答是:刚开始作者不知道这位老妇人是聋子,当他的妹妹告诉他真相后,他感到非常震撼,所以加了引号。

徐娜:加引号符合单元主题的变化,刚开始他弹得很难听,就像锯桌腿的声音,老妇人装作聋子忍受了这难听的声音,后来他弹奏出了优美的乐曲,老妇人才揭开了真相。

老师:一个聋子加引号为什么就是反复强调呢?前者加引号强调这个老妇人不是聋子。

男生3:我的理解是作者后来才知道老妇人不是聋子,更进一步体现出我们的想象。

老师:我们的想象?应该是我们的猜想,突出强调老妇人根本就不是聋子（及时指出学生的错误，特别是语言表达上的错误，可以提高学生的语言运用能力）。

男生4：我觉得在"聋"字上加双引号是点明我们不清楚的部分，因为他前面根本就不知道老妇人不是聋子。后面是他的妹妹告诉他，他才知道老妇人根本不是聋子。当他知道真相后很内疚（为了引起我们的思考：首先可以肯定的是：当聋字加双引号的时候我们可以肯定地说作者已经知道老妇人根本就不是聋子）。

老师：刚开始作者确实不知道老妇人不是聋子，他真的把老妇人当成了聋子。而且她似乎就是个聋子，否则我拉的那么难听，她能听不出来？而他又内疚什么呢（引导学生进一步思考）？

男生：老妇人鼓励了我，她鼓励我的原因是什么呢？

老师：你没有回答我刚才的问题，哪位同学来说一下？

雷超：老妇人之前说自己是聋子，可后来作者的妹妹惊诧地说：你竟然说她是聋子，聋子！我就从他妹妹的这句话中看出老妇人根本不是一个聋子，他内疚的原因是：老妇人为什么要骗他说自己是个聋子呢？

老师：老妇人把自己当成聋子，我也把她当成聋子，却不知她是一位有名的音乐教授。这就是我所内疚的地方。我真的把她当成聋子来看待，或者说是我的那种佶屈聱牙的弹奏带给了老人不愉快的体验，破坏了老人独享的宁静与雅致。这个问题说到这里想必大家已经懂了吧。

生：懂了。

师：请出示你们的第三个问题。

生5：文中第九自然段说："我心里洋溢着一种从未有过的感觉"。这是一种什么样的感觉呢？对这个问题我们小组没有讨论出结果，请大家帮忙解决。

师：对于这个问题，大家首先要找出它所在的段落，然后根据上下文去理解。

生 6：以前从来没有人夸奖过他，可是现在这位老人虽然是个聋子却还夸奖了他，这就是他从来没有过的感觉。

师：从文中哪个地方可以看出（引导学生从文本中寻找答案）？

生 7："真不错。我的心已经感受到了。谢谢你，小伙子"。

生 8：以前父亲和妹妹对他的评价是非常低的，常常让他感到沮丧，而这位老妇人的却说他拉得很好听，让他非常高兴，让他有了以前没有过的感觉。

师：在家里练习的我常常遭到父亲和妹妹的嘲笑，而这位老人对我的评价却是如此之高，让我找到了自信！心中充满了力量。

生 9：作者的心中有一种快乐！

中间三个同学的观点和上一个同学的基本相近。

师：说得好。老妇人的夸奖就如和煦的暖阳，温暖了作者的心灵。这个问题的讨论就到这里，请继续下一问题。

生：我们的第四个问题是：这篇课文告诉了我们一个什么道理？

生 A：人不应该轻言放弃，如果因为别人的一句话就放弃你的爱好，那么你就没必要练习小提琴了。

生 B：告诉人们做什么都不要放弃，只要努力，最终会成功。

生 C：遇到困难要坚持，不要轻易放弃。

生 D：我用一个成语来概括——"坚持不懈"。

生 E：千万不要放弃自己的理想和梦想，失败乃成功之母。

师：他的理想是什么？

生 E：成为一名小提琴手。

生：·我们的第五个问题是：我一直珍藏着这个秘密，珍藏着一位老人美好的心灵。这句话有什么深刻含义？

生 11：这可以说明，第一个珍藏的秘密是——这位老人是聋子还是不是聋子。第二个珍藏是这位老人好还是不好。

师：我想问一下，珍藏着这位老人美好的心灵，这种美好的心灵是一种什么样的心灵？

（刚才回答的孩子答不出来。又叫了一个孩子依旧没有答案。）

女生3：她不仅使小男孩找到了自信，还使彼此都得到了快乐。

女生2：美好的心灵是指老人想让世界上所有的孩子都不要丧失信心。做什么事情都不要放弃，这样才会成功。

师：是呀，老人给这些在前进的道路上遭受挫折的孩子们信心、勇气和力量，这就是美好的心灵！

男生12：我觉得也有一种伟大的意思，因为在这个孩子最需要信心和鼓励的时候，是这位老人给予了他鼓励！

师：这位老人在关键时刻不计任何报酬，默默地鼓励着他、帮助着他，让他在演奏的道路上取得了一个又一个的辉煌，最后走向了成功。

男生：这位老人的美好心灵指的是她不想让孩子放弃，要帮助孩子实现音乐梦想。

女生：美好心灵是指，这位老人完成了教育责任。

师：对，这位老人用实际行动，完成了自己的教育使命，帮助孩子实现了音乐梦想，这个回答很有新意！

男生13：你成功了，我就高兴。

第二个小组展示问题。

我们小组一共提出了20个问题，经过筛选，筛选出了5个问题。

我们的第一个问题是：大家请看第十自然段：为什么她竟说我的琴声能给她带来快乐和幸福。

我们组的回答是：他的家人认为他在音乐方面是白痴，而老人却有不一样的看法。

师提示：我们怎么体会这个"竟"字？

生：他的琴声在父亲和妹妹看来是锯桌腿的声音，给他们带来了痛苦。作者没想到的是却给老人带来了快乐和幸福!

师:很好,确实是这样。

生:作者经过坚持不懈的练习有了进步,给老妇人带来了快乐和幸福。

生:这个"竟"的意思就是想不到、超出预料。

师:说得很好,这个问题的讨论到此为止。

我们组的第二个问题在 14 自然段:为什么说拉小提琴成了我无法割舍的爱好?

我们组的答案是:因为一开始在他的家人看来他在音乐方面就是个白痴,后来在楼后独自练习时,经过老妇人的指点,他终于练成了小提琴。

生 15:刚开始他拉得很难听,后来在老妇人的指点下越拉越好了。

师:老妇人的鼓励使他越来越有自信。

生:我们组的第三个问题是:为什么每当拿起小提琴,我眼前就会浮现出那位耳"聋"的老人?

小组答案:因为他在拉小提琴方面的成就都是住在林子后面的那位老妇人指点的结果。每当拉起小提琴他就想起老妇人。

一女生:提出了一个与问题不相干的一个诘问——这个老妇人也住在楼区,你为什么说她住在林子后面?

生:第四个问题:13 自然段中,"她慈祥的眼睛平静地望着我,像深深的潭水……",省略号省略了什么内容?

师:省略号有好多作用,大家在课后总结一下,对照课文看看本文中这个省略号有什么作用。

生:从这个句子中你体会到了什么?

师:这是一个比喻句,为什么她的眼睛是平静的,从平静中你体会到什么?

生:她的眼睛中充满了一种信念。

师：平静是一种精神境界的领略，从她的眼睛中看到了她美好的精神世界。

生：这种平静的眼神会让作者去专心致志地练琴，不会打扰他。

师：你的意思是这种平静的眼神会让作者全身心地投入到练琴中，从而使作者能悟到音乐的真谛。

师：由于时间有限，我们的讨论暂时告一段落！

教后反思：

对这样一堂没有教学预设的课堂，在上完之后，我们深深地被学生身上蕴藏的巨大的能量所震撼。平时的教学中我们不敢放手，不愿意放手的一个重要原因是我们的学生能够提出一些我们教学需要的问题吗？我们的学生自主学习能达到我们的基本的课堂教学目标吗？然而，实践证明，学生不仅能，而且还非常好地完成了学习的任务。在小主持人的主持下，他们回答问题是那样从容，他们回答问题的思路是那样开阔。当然，这与我们平时的教学中的训练与培养有很大的关系。

五、聚焦真实的课堂——《只有一个地球》教学思路

我们之所以选择这样一篇课文，主要是这是一篇说明文。我们的模式要取得很好的成果，就必须要在各种文体中进行实验研究，应该说这就是我们试验的产物之一。

这篇课文是北师大版第十单元的一篇科学知识说明文。朴实、流畅的语言，严谨的结构，清楚的条理，又饱含着深情，是这篇文章的特点。它通过地球"美丽又渺小""资源有限""不能移居"这

三方面介绍了地球的有关知识，教育我们要精心保护这唯一可以赖以生存的美丽星球。

鉴于学生初步具备了利用网络获取知识的能力，课前让他们通过各种方式了解地球，并充分利用网络架起时空桥梁，搭起学生意义建构的"支架"，从而直观、形象地获取知识。

"三步自主合作探究教学法"主要突出的是学生的自主阅读，自主提问，这是这种方法的重要一环。只有这个基础打好了，合作探究才有了底气。所以，在第一课时，我们简单导语进入课题之后，就让学生开始阅读提问题。认真阅读，在阅读思考的基础上提出问题。

问题是自己在阅读过程中的困惑，或者认为有价值值得全体探究的问题，或者含义深刻的，对理解文本有帮助的语句作为问题。学生在自主阅读阶段，教师巡视指导，可以就学生提出的问题进行个别评析。

在经过二十分左右的提出问题的阅读之后，就可以进入合作筛选问题阶段。在本阶段，我们首先要求每个学生在小组内交流自己的问题，然后其他小组成员进行评析。每个问题找出问题的出处，然后思考哪些内容可以对问题作出说明。

教师简单导语引入学习。同学们，上节课我们大家都自主学习阅读了文本，在阅读文本的过程中提出了自己的问题，并且经过小组合作交流筛选出了小组问题，今天，我们一起来探究大家提出的问题。哪个小组首先汇报交流自己小组的问题？教师指名学生上台来主持谈论交流问题。首先，我们要求主持人要说出自己小组筛选出了几个问题，然后，进行逐个探究。在亮出每个问题之后，小组要首先说出他们小组对这个问题的讨论结果。最后征询其他同学对这个问题的看法。教师要求对每个问题的回答都应从相应的文本中找到相关的信息进行说明。目的是培养学生的认真阅读反思自己的认识，同时，也培养学生的论据意识。在同学们发言过程中，教师尽量不要干预学生，只有在学生的语言表达出现问题，或者学生的思路出现障碍，或者学生偏离了问题的答案路向的情况下，教师可以及时予以点拨。促使他们进一步思索。

最后教师总结。

六、聚焦真实的课堂——《只有一个地球》课后

基于教学目标的制定和重难点的提出，结合《新课标》理念，我采用了"三步自主合作探究教学法"，努力构建开放而有活力的新型语文课堂。

"三步自主合作探究教学法"是基于学生充分自主学习基础之上的一种教学方法，它把学生的自主学习作为重要的一个环节，贯穿在教学过程之中，同时以学生的问题为导向，通过学生的自主阅读，自主提问，促使学生去阅读文本，思考文本，形成对文本的认识，构建起学生对文本的意义和认识，在此基础上，通过合作交流，筛选问题，让学生在筛选问题的过程中再次审视文本、思考文本，这就在最大程度上凸显学生的主体地位，树立学生的主体意识。最后，教师以学生的问题为主导展开合作交流探究，达到对文本深入的研究，训练学生的思维能力，培养学生探究意识的目的。

本课教学过程并不复杂，主要是在前一课时基础之上，探究学生的问题，深化学生对文本的认识。

在教学过程中，教师虽然以学生的问题为主，但是又不拘泥于学生的问题，学生的问题只不过是一个引子，通过学生的问题主要是把握学生的认识动态，了解他们对文本的认识层面，然后针对学生的认识，展开充分的讨论交流。因此，在本课的开头，教师简约地导入以后，就直接进入到学生汇报问题的阶段。

　　这样做有一个好处，一方面不会分散学生的注意力，最主要的是给学生思考问题、回答问题留下充足的时间，对学生提出的核心问题我们不惜花费大量的时间，认真倾听学生们对这个问题的认识，哪怕他们在表达上语言的不同，我们也是容许的。这样可以锻炼学生的胆量，训练学生的思维能力，提升学生的自信心。因此，在教学中教师给学生留出充足的时间让他们回答问题，教师要善于从学生的问题之中获得信息，理清他们的思路，知道他们认识的局限性在哪里，然后有针对性地进行点拨引导，让他们的思维上路。许多教师在这个方面常常陷入被动，关键就是他们没有吃透文本，或者他们没有认真聆听学生的发言，或者是他们根本没有站在学生的角度来思考文本，没有对学生的回答梳理出头绪来，自然就在这个地方乱了方寸。

　　其次，就学生提出问题来说，从我们的教学实践来看，他们提出的问题很多，也很杂乱，我们如何从这些杂乱的文本中理出头绪，不被学生牵着鼻子走，这就需要我们教师的教学智慧。我们抓住学生提出的问题："为什么说只有一个地球，从'只有'这个词中你体会到了什么？"这个问题关系整个文章的理解，既有对文章内容的理解，又有对文章脉络的梳理。在这个问题上我们不妨花费一些时间让学生展开充分的讨论交流。为了让学生真正有多收获，我们要求学生必须结合文本来思考，从文本中的哪些内容，哪些描写，哪些说明中能够回答这个问题，要求他们细细研读文本，并从内容中思考回答，这样，可以很好地突破重难点，以一带十，事半功倍，取得很好的教学效果。

　　对学生提出的一些枝叶性的问题，教师不要否定，哪怕一些看起来没有价值的问题也是学生思考的结果，教师绝对不能从自己的教学预设出发简单地否定了事，而是要引导学生再次研读文本，看从文本之中能不能找到答案，能不能说明自己的问题。同时，这些细小的问题的解决也为解决主干问题铺平了道路，是对课堂的一种丰富，也是对教学资源的一种有效利用。

总而言之，"三步自主合作探究教学法"简化了课堂教学程序，提高了课堂教学时间的利用率，最大限度地发挥了学生的主观能动性，为凸显学生的主体地位找到了一条有效便捷的途径。

七、聚焦真实的学情——"三步自主合作探究教学法"实施效果调查

"三步自主合作探究教学法"是我课题组在多年实践的基础上创建的一种探究性学习方法。该方法分三步，首先通过自主学习，自主提问，获得对文本的初步认识，然后通过交流合作，筛选问题，解决问题，最后再通过师生合作，进一步探索研究深刻的问题。

为了切实检验"三步自主合作探究教学法"的效果，我们在四年级的两个班级开展了实验对比研究。一个以刘玉老师所带班级四年级一班为对照组，主要以传统教学为主，另一个以主持人何永国老师所带班级四年级二班为实验组，一班采取一般的合作教学法，二班采取我们常设的"三步自主合作探究教学法"为主。实验时段为一学期。

"三步自主合作探究教学法"重在问题意识的培养和发现问题的能力的培养。我们在两个班级进行了检测。检测以随机在网上选择的两篇短文为主，让学生自由提出问题。从两组实验数据来看，对照组和实验班差距明显：

从提问的数量上来看，两个班级的差别是明显的。四年级一班发放测试卷 34 份，四年级二班发放测试卷 34 份。两组测试卷中四年级一班，平均每生提出问题 5 个，四年级二班平均每生提出 6 个问题。二班的学生提出的问题明显地要比一班的多。

从提问的角度来看，四年级一班提出的字词方面的问题明显地少

于四年级二班。

四年级一班在字词方面的问题有三个。四年级二班字词方面的问题有两个，还加了查阅字典这一项。四年级二班提出的相关文本的细节性的问题的比较多，这与该班在"三步自主合作探究教学法"中经常性提出一些文本细节方面的问题有关。

就提出问题的广度和深度来说，一班的学生主要提问集中在这样几个方面：

语句方面的问题：

从提出问题的角度来看，学生提问的角度上还是有一定的差距的。根据文体结构提出的问题占75%，根据课文内容提出的问题占80%，语句方面的问题占20%，字词方面的问题占50%。

从提出问题的质量上来看：四年级一班根据文体结构提出的问题占50%，根据课文内容提出的问题占60%，语句方面的问题占30%，字词方面的问题占25%。

四年级二班34人（实验班），学生的学习积极性、主动性明显高于对照班级。在实验班，学生在提出字词问题之后，都会不同程度地查阅字典词典，而在一班学生没有形成这样的习惯。有查字典习惯的占82%，有查阅资料习惯的占75%，而在对照班，这个数据则小得多。

大部分同学喜欢在学习课文前边读边想。在阅读课文过程中能够发现问题的同学占60%，产生疑惑不思考的占40%，对课后一些问题主动思考的占65%，在阅读过程中，产生问题与同伴合作学习的占76%，经常与同学争论的占20%，偶尔争论的占50%，不争论的占32%。对别人的观点有不同意见时，提出不同意见来和他交流的占65%，保持沉默的占80%。接受别人的，放弃自己的占80%。在平时的学习中，回答的问题经常被别人采用的占5%，偶尔被别人采用的占76%，经常遭到别人否定的占18%。对别人的评价，很在意的占32%，不太在意的占68%，很不在意的占6%。老师给出的答案，有错误时，会直接指出来和老师共同探讨的占24%，有时候觉得不太准确，但是自己又不敢说出来占18%，全盘接受，觉得老师的有道理的占59%。

"三步自主合作探究教学法"在提问过程中，重视文本细节方面的问题的提出和探讨交流，因此，二班已经形成了惯性思维。但是，一班的学生则很少有人提出这样的问题。他们的问题集中在文本的结构方面。这与教师平时的教学有关，也与教师采取的教学方法有关。教师自己提问学生回答，学生的问题意识差。同时，教师只是从总体上来提问学生，却没有重视文本细节方面的分析探讨，导致学生对这方面的问题不敏感。

八、聚焦真实的学情——"三步自主合作探究教学法"调查反馈

为了进一步完善"三步自主合作探究教学法"，笔者对四年级学生16人做了基本的抽样问卷调查，以便更切实地了解该教学法的优势及其不足之处，希望能取其精华，去其糟粕，使该教学法得到更好的教学效果。

本次调查随机抽样四年级小学生16人，采用不记名方式，要求学生就"三步自主合作探究教学法"的利弊提出了自己的真实看法。下面就调查结果做简单总结、分析。

从调查结果来看，16人中近69%的人认为"三步自主合作探究教学法"有利也有弊，有31%的人认为该种教学法很好，没有指出不足的地方。调查结果显示，绝大部分学生指出了该教学法的种种优势，主要方面总结如下：

1. 学生能够开动脑筋，大胆提问，加强了学生的问题意识，提高问答问题的能力。

2. 调动了学生自主学习，探究问题，解决问题的主动性。增强了学生学习的主动性，使学生不再依赖老师，提高了学习能力。

3. 大部分学生认为，让自己走上讲台，主持探究小组提出的问题，可以得到自我展示的机会，过去学生只是听讲，只是回答问题，而现在，他们能够走上讲台，当起了小老师，成了课堂的主人，他们可以提问题、可以指名其他同学回答问题，锻炼学生的表达能力，同时提升了学生个人的自信心，锻炼了学生心理素质。

4. 大部分学生认为他们可以从探究中得到学习的乐趣，学生知道从哪里去提问题、提些什么问题，还知道了如何去回答这些问题，探究回答问题有了明确的方向。他们也知道从文本中寻找证据回答问题，这样大大提高了学生探究问题的能力，提高课堂效率。

5. 在讨论中收获知识，掌握字词，能够快速理解课文内容，同时掌握许多词语，对写作也有帮助。

以上方面显示了"三步自主合作探究教学法"的多种优势，自然，在发挥其优势的同时，也免不了弊病的存在，很多同学在指出优势的同时，也指出了不少缺点，主要有以下几个方面：

（1）在提出许多好问题的同时，也会提出许多没有价值的问题。

（2）问题的解答要写在纸上，这样会浪费很多时间。这就要求教师在教学时，让学生将问题批注在书上，便于合作交流。

（3）问题较多，一节课很难完成。部分需要通过独立思考解决的问题太难了。

（4）个别学生不能认真参与讨论，课堂纪律会比较乱。

（5）上讲台展示时，有些学生会感到紧张，同时，一些喜欢表现自我的学生为了急于展示，又欠缺对问题的深入思考。

综合以上各点，尽管"三步自主合作探究教学法"的利大于弊，但它的弊端也不容忽视。在总结、分析调查结果后，能将其优势最大化，弊端优势化，才是本次调查的最终目的。

针对这些问题，在以后的教学实践中希望在讨论中过滤，教师做出及时点评及补充。奖惩得当，鼓励学生大胆展示，提问和回答时，能脱稿尽量脱稿。希望在反复实践和反思中，使"三步自主合作探究教学法"真正适用于学生，并发挥巨大优势。

九、聚焦真实的学情——学生听课情况调查问卷的分析

为了切实掌握"三步自主合作探究教学法"的实施效果，我们在学生中间进行了一次有针对性的问卷调查。调查主要让学生回答这样两个问题。一是你认为这种课堂好不好，好的话有哪些好处，不好的话，又有哪些不好的地方。我们总共在六年级随机发放问卷28份。从交上来的问卷情况来看，在28份问卷调查中，认为这种课堂好的18份，占64.29%，认为不好的10份，占35.71%。

从调查问卷中可以看出："三步自主合作探究教学法"对于学生来说是有好处。大部分学生觉得这种方法好，也很喜欢这种上课方式。比如，有一部分学生说：""三步自主合作探究教学法"让我们的学习更有针对性。""提出问题可以让我们在阅读文本的过程中去思考文本，与阅读的注意力更集中了"等。但也有一部分学生觉得这种方式不好。我想我们还需要进一步探究如何做得更好。怎样将这种教学模式的优势发挥到最大，使课堂更有效，学生更能接受。总体来说有以下几点：

首先，模式的第一阶段是让学生自己提问题，学生都很认同这一做法。同学们都觉得在自己提问题的过程中，很自由，没有胆怯等压

力，敢于把自己想到的问题大胆地提出来。这样增强了他们的自信心，激发了他们的学习兴趣，让他们真正感受到自己是学习的主人，能够主动参与到学习中来，并且有了小小的成就感。

其次，第二阶段是学生自主合作解决问题，到这一步学生意见就不一致了。一些基础好的学生认为通过互相交流，使他们思维更加活跃，对问题的认识更加深入，学到的东西更多。而一些平时不喜欢发言的同学在小组讨论时却仍然不发言，只是听别人说。这可能是因为讨论时间有限，喜欢发言的同学只顾讨论自己的问题，不喜欢发言的同学没机会，也没时间说出自己的想法。一些学困生反映说一些问题虽然解决了，但还是没听懂。可能对于程度好一点的学生来说很简单的问题，学困生却不懂，因此他们觉得他们提出的问题没有得到很好的解答。在这一步，学困生和不喜欢说话的学生不能完全参与其中，反而又挫伤了他们的积极性。

再次，学生提出的问题很多，因此，教师不能全面照顾到所有学生。一些学生争取不到发言的机会。有一些学生的问题得到了同学和老师的解答，但一些学生的问题始终没有得到解答，他们困扰在自己的问题没得到解答，因此觉得收获很少。还有同学觉得简单的问题自己就能回答，难一点的就很难回答上。也有同学反映老师讲得少，对问题解答得不详细。

总之，程度好一些的学生还是很喜欢这种上课方式的。但一些学困生可能会在课堂上看热闹，有些人能看出点门道，有些人可能什么都没学到。我想应该在课堂上多给这些同学一些机会，让所有学生都参与进来，积极思考，积极提问，让他们树立自信，大胆发言，积极参与。我们需要思考怎样在课堂上照顾到所有学生，在有限的时间内，最有效地完成学习任务。

主要参考文献

郑逸农."非指示性"教学研究［M］.杭州：浙江大学出版社，2012：12-49.

周庆元.反思与追问——宏观视野下语文教改的价值取向［M］.济南：山东教育出版社，2011：166-241.

徐林祥.历史追问——语文教育发展篇［M］.济南：山东教育出版社，2008：205-320.

包建新.语文综合性学习案例教学论［M］.杭州：浙江大学出版社，2012：217-258.

曹明海.本体与阐释——语文教育的文化建构观［M］.济南：山东教育出版社，2011：111-220.

李节.小大由之——语文教育访谈录［M］.上海：华东师范大学出版社，2014：6-38.

杨勇.我的语文教学之路——来自一线高中语文教师的思与行［M］.成都：四川大学出版社，2015：60-103.

王尚文.语文教育一家言［M］，广西：漓江出版社，2012：114-179.

朱晓斌.写作教学心理学［M］.杭州：浙江大学出版社，2007：

200-252.

刘正伟. 国际语文课程与教学比较［M］. 杭州：浙江大学出版社，2008：67-149.

何永国、何永科. 语文有效合作教学的探索和研究［M］. 成都：电子科技大学出版社，2014.

约翰·杜威. 思维的本质. 北京：台海出版社，2018：1-20.

孙建军. 语文对话教学［M］. 上海：复旦大学出版社，2008：9-19.

致　谢

　　"三步自主合作探究教学法"要和读者朋友见面了，在此我要感谢为该教学模式做出巨大贡献的我的同事王巧玲老师、龙瑞凤老师、田文丰老师、王玉环老师、周彩云老师，没有他们在课堂教学中的实验研究，没有他们出谋划策，这种模式的推出至少要迟几年。同时我还要特别感谢张掖市教科所的杨彬老师和葛立功老师，他们在我们的研究过程中给予巨大的帮助和鼓励，同时他们也提出了许多建设性的意见和建议。